CB080555

Theodoro de Moraes na história da alfabetização no Brasil

FUNDAÇÃO EDITORA DA UNESP

Presidente do Conselho Curador
Mário Sérgio Vasconcelos

Diretor-Presidente
José Castilho Marques Neto

Editor Executivo
Jézio Hernani Bomfim Gutierre

Assessor Editorial
João Luís Ceccantini

Conselho Editorial Acadêmico
Alberto Tsuyoshi Ikeda
Áureo Busetto
Célia Aparecida Ferreira Tolentino
Eda Maria Góes
Elisabete Maniglia
Elisabeth Criscuolo Urbinati
Ildeberto Muniz de Almeida
Maria de Lourdes Ortiz Gandini Baldan
Nilson Ghirardello
Vicente Pleitez

Editores Assistentes
Anderson Nobara
Jorge Pereira Filho
Leandro Rodrigues

BÁRBARA CORTELLA PEREIRA

THEODORO DE MORAES NA HISTÓRIA DA ALFABETIZAÇÃO NO BRASIL

editora unesp

© 2013 Editora UNESP

Direitos de publicação reservados à:
Fundação Editora da UNESP (FEU)

Praça da Sé, 108
01001-900 – São Paulo – SP
Tel.: (0xx11) 3242-7171
Fax: (0xx11) 3242-7172
www.editoraunesp.com.br
feu@editora.unesp.br

CIP – Brasil. Catalogação na fonte
Sindicato Nacional dos Editores de Livros, RJ

P489t

Pereira, Bárbara Cortella
Theodoro de Moraes na história da alfabetização no Brasil / Bárbara Cortella Pereira. São Paulo: Editora Unesp, 2013.

Recurso digital, il.
Formato: ePDF
Requisitos do sistema: Adobe Acrobat Reader
Modo de acesso: World Wide Web
ISBN 978-85-393-0478-3 (recurso eletrônico)

1. Moraes, Theodoro Jeronymo Rodrigues de, 1877-1956. 2. Educadores – Brasil – Biografia. 3. Livros eletrônicos. I. Título.

13-04821 CDD: 923.70981
CDU: 923.70981

Este livro é publicado pelo projeto Edição de Textos de Docentes e Pós-Graduados da UNESP – Pró-Reitoria de Pós-Graduação da UNESP (PROPG) / Fundação Editora da UNESP (FEU)

Editora afiliada:

Asociación de Editoriales Universitarias de América Latina y el Caribe

Associação Brasileira de Editoras Universitárias

Para minhas avós Emília Cortella e Zita Moraes: mestres admiráveis!

Agradecimentos

Ao Mestre dos mestres pelo amor incondicional.

À professora Maria do Rosário Longo Mortatti, mestre sem igual, não apenas pelas orientações criteriosas e sistemáticas, mas também por priorizar, seja nas ações cotidianas da relação orientador/orientando, seja nas atividades específicas de pesquisa e ensino, uma formação científica e humana visando à crescente autonomia daqueles a quem forma para a pesquisa científica e para o ensino.

A todos meus familiares: Cortellas, Moraes e Pereiras, que me incentivaram a persistir, a ousar e a sonhar, a despeito de todas as dificuldades surgidas ao longo dessa caminhada.

A todos os integrantes do Grupo de Pesquisa "História do ensino de língua e literatura no Brasil", os quais têm caminhado juntamente comigo desde 2006.

A professora Rosa Fátima de Souza, pelas valiosas contribuições no Exame Geral de Qualificação.

Ao professor Jerônimo Rodrigues de Moraes Neto, que representou importante encontro, por sua proximidade com Theodoro de Moraes.

A Maria Luzinete Euclides, bibliotecária da Biblioteca da Faculdade de Filosofia e Ciências, Unesp, campus de Marília, pelas orientações técnicas para a normalização bibliográfica de minha dissertação.

Ao Conselho Nacional de Desenvolvimento Científico e Tecnológico (CNPq) e à Fundação de Amparo à Pesquisa do Estado de São Paulo (Fapesp), pelas bolsas concedidas, sem as quais não teria sido possível minha dedicação exclusiva à pesquisa de que resultou minha dissertação de mestrado.

Àqueles que me receberam, gentilmente, nos acervos em que estive para pesquisa: Maria Ivanildes Batista, bibliotecária da Biblioteca Professor Sólon Borges dos Reis" do Instituto de Estudos Pedagógicos "Professor Sud Mennucci" do Centro do Professorado Paulista; Diógenes Nicolau Lawand, responsável pelo Setor de Documentação Histórica Escolar, do Centro de Referência em Educação "Mário Covas" (SP); Tânia Silva de Andrade, responsável pelo acervo histórico da Companhia Editora Nacional (SP); Jessé Lino da Silva, responsável pelo Arquivo Público do Estado de São Paulo; Luciana Góes, bibliotecária da Biblioteca do Livro Didático da Faculdade de Educação da USP; professor Roberto Pastana Teixeira Lima, Coordenador do Centro de Documentação do Centro Universitário Amparense – Unifia, em Amparo (SP).

A todas essas pessoas e instituições deixo registrados meus agradecimentos.

No passado, podiam-se acusar os historiadores de querer conhecer somente as "gestas dos reis". Hoje, é claro, não é mais assim. Cada vez mais se interessam pelo que seus predecessores haviam ocultado, deixado de lado ou simplesmente ignorado. "Quem construiu Tebas das sete portas?" – perguntava o "leitor operário" de Brecht. As fontes não nos contam nada daqueles pedreiros anônimos, mas a pergunta conserva todo o seu peso.

Carlo Ginzburg

Sumário

Prefácio

Como aponto no livro *Alfabetização no Brasil: uma história de sua história*,[1] nas duas últimas décadas a história da alfabetização vem-se constituindo como um campo de conhecimento específico, sem prejuízo de sua característica necessariamente interdisciplinar e de sua autonomia científica relacionada com outros campos de conhecimento fronteiriços.

Até a década de 1990, no Brasil, dependendo da relevância e pertinência que se lhes atribuía, ou não, aspectos históricos da alfabetização eram silenciados, ou constituíam, quando muito, um capítulo da didática da alfabetização ou da história da educação. Para a constituição do campo, com definição de temas, objetos, vertentes teóricas e abordagens metodológicas específicas, contribuíram decisivamente as pesquisas desenvolvidas no Grupo de Pesquisa "História do Ensino de Língua e Literatura no Brasil" (Gphellb), criado em 1994 e sediado na Unesp, *campus* de Marília. A matriz teórica dessas pesquisas foi formulada em meados da década de 1990 e se encontra no livro *Os sentidos da alfabetização: São Paulo – 1876/1994*,[2] que, desde sua publicação

1 A primeira edição do livro foi publicada em 2011, pelos selos Cultura Acadêmica e Oficina Universitária (Unesp, Marília), tendo recebido, em 2012, o 52º. Prêmio Jabuti – categoria "Educação". A partir da segunda edição, de 2012, o livro é publicado pela Editora Unesp.

2 Também publicado pela Editora Unesp, com primeira edição em 2000.

em 2000, vem sendo também utilizado por pesquisadores brasileiros para a formulação e desenvolvimento de pesquisas sobre a temática.

É nesse movimento histórico que se insere este livro, resultante da dissertação de mestrado de Bárbara Cortella Pereira, que tive o prazer de orientar, entre 2007 e 2009, junto ao Programa de Pós-Graduação em Educação da Unesp, *campus* de Marília, e ao Gphellb.

Com o objetivo de contribuir para a compreensão das disputas sobre métodos de alfabetização características do que denominei "segundo momento crucial" na história da alfabetização no Brasil, a Autora enfoca a proposta para o ensino da leitura pelo método analítico defendida pelo professor paulista Theodoro Jeronymo Rodrigues de Moraes (1877-1956). Diplomado pela Escola Normal de São Paulo, em 1906, Moraes atuou intensamente, durante mais de três décadas, em funções e cargos na instrução pública do estado de São Paulo: professor do curso primário e de escola normal secundária; diretor de grupos escolares; inspetor escolar; inspetor fiscal de escola normal livre; inspetor geral de ensino; e chefe de serviço da diretoria do ensino do estado de São Paulo. E, como informa a Autora, ficou mais conhecido pela autoria de *Meu livro: primeiras leituras*, considerada a primeira cartilha escrita por um brasileiro e baseada no então moderno método analítico.

Com base em rigorosa pesquisa documental e bibliográfica, relativa à formação e atuação de Moraes, à sua produção escrita e à produção sobre ele, a Autora analisa a configuração textual de extenso *corpus*, constituído de textos de divulgação, documentos oficiais e livros didáticos publicados por esse professor paulista.

Da busca de compreensão integrada dos diferentes aspectos constitutivos desses textos (autor, leitores previstos, temas, conteúdos, forma e estrutura, necessidades e finalidades, contexto histórico de produção e de circulação), a Autora conclui: "a atuação profissional e a produção escrita de Theodoro de Moraes representam sua pioneira e incansável defesa do método analítico para o ensino da leitura, nas primeiras décadas do século XX, tendo influenciado gerações de educadores e alunos até, pelo menos, a década de 1950, no Brasil".

Distanciando-se de posturas ingenuamente saudosistas ou preconceituosamente acusatórias assim como dialogando diretamente com outras pesquisas realizadas por integrantes do Gphellb e por outros pesquisadores brasileiros, a Autora apresenta aspectos pouco conhecidos da tradição herdada, que preenchem lacunas na busca de compreensão das tensas relações entre permanências e rupturas características do passado e do presente da alfabetização no Brasil.

Além de representar finalização exitosa de uma etapa de formação da jovem pesquisadora, este livro traz importantes contribuições para situar a importância de Theodoro de Moraes na história da alfabetização no Brasil e, em decorrência, para a formulação de temas e problemas de pesquisa nesse campo de conhecimento, especialmente.

Esses são motivos da satisfação em ter contribuído para a formação da Autora e em apresentar este livro, cuja leitura recomendo a todos que se interessam pelo tema, e, em especial, aos pesquisadores e estudiosos da história da alfabetização e de história da educação, aos professores e estudantes de cursos das áreas de Educação, Letras, História e áreas afins, assim como aos professores da Educação Básica.

Maria do Rosário Longo Mortatti
Marília/SP, 10 de setembro de 2013

Introdução

Como se sabe, as pesquisas históricas em educação intensificaram-se, no Brasil, a partir das décadas finais do século XX. Em consequência desse crescimento e das necessidades decorrentes desse momento histórico, "novos problemas", "novas abordagens" e "novos objetos" de investigação foram sendo propostos, mediante, principalmente, o conhecimento dos pressupostos teórico-metodológicos advindos da historiografia francesa, em suas diferentes vertentes, nesse campo de conhecimento científico, a fim de contribuir para a compreensão de importantes aspectos da história da educação brasileira, ainda, pouco explorados.

É apenas a partir da década de 1990, no entanto, que essas pesquisas ganham impulso significativo entre os pesquisadores brasileiros, em especial, pesquisas sobre história das disciplinas escolares, e, particularmente, as que abordam o ensino da leitura e escrita na fase inicial de escolarização, como constatam Soares (1989; 2000); Soares; Maciel (2000); Mortatti (2003; 2011) e Oriani (2009).

Em *Alfabetização no Brasil: o estado do conhecimento*, Soares (1989) apresenta os resultados de sua pesquisa do tipo "estado da arte", com o objetivo de inventariar a produção brasileira acadêmica e científica (teses, dissertações e artigos de periódicos) sobre o ensino da leitura e da escrita na fase inicial de escolarização de crianças no país, entre 1954 e 1986. Em continuidade a essa publicação, em *Alfabetização,*

Soares; Maciel (2000) apresentam inventário da produção acadêmica e científica (teses e dissertações) sobre o ensino da leitura e da escrita na fase inicial de escolarização de crianças no Brasil, entre 1961 e 1989.

Apesar de pesquisas do tipo "estado da arte" não apresentarem um caráter conclusivo, os resultados das pesquisas citadas acima, abrangendo o período mencionado, indicam que os estudos e pesquisas relativos à alfabetização no Brasil se intensificaram nas últimas décadas abrangidas pela pesquisa das autoras, sobretudo aqueles que visam à intervenção na prática pedagógica alfabetizadora, em decorrência, principalmente, da constatação do fracasso escolar no processo de ensino e de aprendizagem. As autoras constataram, ainda, que o crescimento dessas pesquisas decorreu, também, do aumento dos programas de pós-graduação no país, a partir da década de 1980.

No entanto, entre essas pesquisas sobre alfabetização, no período mencionado, as autoras apontam apenas uma com abordagem histórica.[1] Trata-se da dissertação de mestrado intitulada *Alfabetização: propostas e problemas para uma análise do seu discurso*, em que Dietzsch (1979) analisa oito cartilhas consideradas mais utilizadas em São Paulo, no período de 1930 a 1976, com o objetivo de compreender os discursos nelas veiculados. Mediante análise dessas cartilhas, a autora constata que, as alterações observadas nas cartilhas analisadas, ao longo de quase cinco décadas, referem-se, mais diretamente, aos aspectos gráficos e não aos conteúdos de ensino.

---

1 Certamente, por não se adequar aos critérios da pesquisa de Soares (1989) e Soares; Maciel (2000), não foi considerado, nessas pesquisas, o capítulo "Cartilhas, gramáticas, livros de texto", de Pfromm Neto; Rosamilha; Dib (1974), no qual é inventariada a produção dos livros didáticos (cartilhas, livros de leitura, manuais) utilizados no Brasil, desde as cartilhas mais antigas ainda escritas por autores portugueses no século XIX, perpassando pelas primeiras produções de cartilhas e livros de leitura escritos por autores brasileiros no final do século XIX e no decorrer das décadas iniciais do século XX, processadas de acordo com os diferentes métodos de alfabetização existentes. É também apresentada uma relação das primeiras cartilhas analíticas brasileiras, entre as quais se encontra a cartilha *Meu livro* (1909), de Theodoro de Moraes. O autor constata a escassez de informações sobre a origem e o desenvolvimento da literatura didática no Brasil, naquele momento histórico.

No documento *Ensino de língua e literatura no Brasil: repertório documental republicano*[2] (Mortatti, 2003), encontra-se reunido um total de 2.025 referências bibliográficas de textos produzidos por brasileiros entre 1874 e 2002, distribuídos em seções, de acordo com as linhas de pesquisa do Gphellb.[3] O maior número dessas referências (560) encontra-se na linha de pesquisa "Alfabetização",[4] indicando que esse tema vinha conquistando espaço no cenário educacional brasileiro da época. No entanto, apesar desse crescimento, ainda eram poucas as pesquisas brasileiras sobre a história do ensino da leitura e escrita no Brasil, constatação que se encontra, também, nos resultados apresentados por Soares (1989; 2000) e Soares; Maciel (2000).

Da inter-relação das conclusões de Mortatti (2003), de Soares (1989) e de Soares; Maciel (2000) e com o objetivo de subsidiar o trabalho de pesquisadores interessados nesse tema, Oriani (2009)[5] apresenta os resultados de pesquisa desenvolvida mediante a utilização de procedimentos de localização, recuperação, reunião, seleção, ordenação de referências de textos acadêmico-científicos (livros, capítulos em livros ou em coletâneas, artigos em periódicos e textos disponíveis

2 Esse documento resulta de atividades do Projeto Integrado de Pesquisa "Ensino de língua e literatura no Brasil: repertório documental republicano", desenvolvido entre 1999 e 2003, com apoio e auxílio CNPq e com auxílio Fapesp.

3 O Gphellb, o Pphellb e o Piphellb estão organizados em torno de tema geral, método de investigação e objetivo geral que são comuns a todas as pesquisas de seus integrantes. O tema geral – ensino de língua e literatura no Brasil – subdivide-se em cinco linhas de pesquisa: Formação de professores de língua e literatura (inclusive alfabetizadores); Alfabetização; Ensino de língua portuguesa; Ensino da literatura; e Literatura infantil e juvenil. O método de investigação está centrado em abordagem histórica, com análise da configuração textual de fontes documentais. O objetivo geral, por sua vez, consiste em: "[...] contribuir tanto para a produção de uma história do ensino de língua e literatura no Brasil, que auxilie na busca de soluções para os problemas desse ensino, no presente, quanto para a formação de pesquisadores capazes de desenvolver pesquisas de fundo histórico, que permitam avanços em relação aos campos de conhecimento envolvidos" (Mortatti, 2003, p.3).

4 Nessa relação, encontram-se referências de 103 livros; 25 capítulos de livros; 167 artigos em periódicos; 7 números especiais de periódicos; 138 dissertações e teses; 34 publicações institucionais; 78 cartilhas e 8 obras de referência.

5 Trata-se de pesquisa de iniciação científica (bolsa Fapesp), desenvolvida no âmbito do Gphellb.

na Internet e/ou sob a forma de trabalhos acadêmicos) em que se aborda historicamente a alfabetização, concluídos entre 1979 e 2007. A autora localizou 226 referências de textos acadêmico-científicos que abordam historicamente a alfabetização, no período abrangido pela pesquisa e, mediante análise das referências reunidas, conclui, principalmente, que:

> [...] observa-se certo aumento na quantidade de textos com abordagem histórica da alfabetização, produzidos a partir de 1997; principalmente a partir de 2000, observa-se um aumento acentuado na produção acadêmica sobre o tema, com predomínio de textos publicizados [...] (Oriani, 2009, p.14)

Com base nessas constatações e na avaliação de Soares (2000), Oriani (2009) destaca também o caráter inaugural da abordagem histórica apresentada na tese de livre docência de Magnani (1997) e no livro correspondente (Mortatti, 2000a), que contribuiu para que fossem suscitadas novas possibilidades de pesquisas com abordagem histórica em alfabetização.

O livro vencedor na categoria "Educação" do 54º Prêmio Jabuti de 2012, *Alfabetização no Brasil: uma história de sua história* (2011), organizado pela professora Maria do Rosário Longo Mortatti, compõe um panorama nacional da história da alfabetização no Brasil, a partir da apresentação do acúmulo de pesquisas brasileiras sobre a temática, nas três últimas décadas, marcando a constituição de um campo autônomo. Esse conhecimento acumulado permite confirmar, portanto, as palavras da pesquisadora francesa: essa história "[...] não é mais somente um capítulo da história do ensino" (Chartier, 2011, p. 14). Como avalia a organizadora da coletânea, já é possível "[...] pensar em uma historiografia sobre o tema, ou seja, na análise crítica do conjunto de aspectos que configuram o processo da escrita da história da alfabetização no Brasil [...]" (Mortatti, 2011, p. 15).

E, em decorrência dessas novas possibilidades de investigação e a partir dessa matriz teórica, muitas pesquisas vêm sendo desenvolvidas em especial no âmbito do Gphellb e do Piphellb, nas linhas de

"Alfabetização" e de "Ensino de língua portuguesa", como é o caso da pesquisa de iniciação científica[6] (2006) e de mestrado[7] (2009).

Entre essas pesquisas, destaco aquelas com as quais dialoga mais diretamente este livro e que foram desenvolvidas com os mesmos objetivos gerais e mesmos procedimentos metodológicos: localização, recuperação, reunião, seleção, ordenação e análise da configuração textual de fontes documentais. Trata-se das pesquisas de: Mortatti (2000a; 2000b; 2004; 2007 e 2008a); Amâncio (2008), Bertoletti (2006), Mello (2007a), Ribeiro (2001); Bernardes (2003); Sobral (2007); Gazoli (2007); Messenberg (2008) e Santos (2008).[8]

No livro intitulado *Os sentidos da alfabetização: São Paulo – 1876/1994*, Mortatti (2000a)[9] aborda historicamente a alfabetização, en-

---

6 A pesquisa de iniciação científica (bolsa Pibic/CNPq/Unesp) deu origem ao Trabalho de Conclusão de Curso (TCC) de Pedagogia intitulado *Um estudo sobre* Meu livro *(1909), de Theodoro de Moraes* (Pereira, 2006). \

7 Nessa pesquisa de mestrado (Bolsa CNPq – maio/2007 a fevereiro/2008; bolsa Fapesp – março/2008 a fevereiro/2009), a fim de compreender um importante momento da história da alfabetização no Brasil, selecionei o *corpus* documental, classificando-o em "Tematização": *A leitura analytica* (1909a); "Normatização": *Como ensinar leitura e linguagem nos diversos annos do curso preliminar* (1911); "Concretizações": *Meu livro: segundas leituras de accôrdo com o methodo analytico* (exemplares da 9.ed., de 1920, da 14.ed., de 1926, e da 65.ed., de 1948); *Meu livro: segundas leituras...* (exemplares da 5.ed., de 1931, e da 40.ed., de 1946); *Sei lêr: leituras intermediárias* (exemplares da 1.ed., de 1928a, e da 38.ed., de 1943); *Sei lêr: primeiro livro de leitura* (exemplares da 2.ed., de 1931, e da 36.ed., de 1940); e *Sei lêr: segundo livro de leitura* (exemplar da 21.ed., de 1936). Formulei o seguinte problema de investigação: como o método analítico para o ensino da leitura é "tematizado", "normatizado" e "concretizado" por Theodoro de Moraes nos textos escolhidos como *corpus*? A hipótese formulada para o desenvolvimento da pesquisa de que resultou este livro é que os textos escolhidos como *corpus* para análise se apresentam como propostas pioneiras para o ensino da leitura pelo método analítico, institucionalizado, a partir da primeira década do século XX, pela Diretoria Geral da Instrução Pública do Estado de São Paulo, tendo sido defendido e utilizado por educadores e administradores escolares deste e de outros estados brasileiros a partir de então.

8 As pesquisas de Amâncio, Bertoletti, Mello, Ribeiro, Bernardes, Gazoli, Sobral, Messenberg e Santos foram desenvolvidas sob a orientação de Maria do Rosário Longo Mortatti.

9 Esse livro resulta da tese de livre-docência da autora (Magnani, 1997).

focando a questão dos métodos de ensino da leitura e escrita na fase inicial da escolarização de crianças, entre 1876 e 1994, com ênfase no estado de São Paulo. Como resultado dessa pesquisa, em que foi reunido um farto conjunto de fontes documentais, a autora apresenta os diferentes sentidos que foram sendo atribuídos à alfabetização, como resultado das disputas em torno dos métodos de ensino da leitura e escrita ("modernos" *versus* "antigos") que ocorreram neste estado, no período citado, o qual a autora dividiu em quatro "momentos cruciais", assim caracterizados:

"Primeiro momento" (1876 a 1890) – "metodização do ensino da leitura": caracteriza-se pela disputa entre os defensores do "novo método João de Deus", que consistia em iniciar o ensino da leitura pela palavra, para posteriormente analisá-la a partir dos valores fonéticos das letras, e aqueles que continuavam a utilizar os "antigos" métodos sintéticos: alfabético, fônico e silábico. O método João de Deus estava contido na *Cartilha maternal* ou *Arte da leitura*, escrita pelo poeta português João de Deus, e seu mais entusiasta divulgador no Brasil foi o professor da Escola Normal de São Paulo, Antonio da Silva Jardim.[10]

"Segundo momento" (1890 a meados da década de 1920) – "institucionalização do método analítico": caracteriza-se pela disputa entre os defensores do "novo e revolucionário método analítico", que consistia em iniciar o ensino da leitura a partir do "todo" para depois proceder à análise em "partes", e aqueles que continuavam a defender os "tradicionais" métodos sintéticos, em especial o da silabação; há também, nesse segundo momento, um embate entre os "mais modernos e modernos" defensores do método analítico, em função das diferentes formas de processar[11] desse método, dependen-

10 Antonio da Silva Jardim (1860-1891), professor de português e positivista, tornou-se também, de acordo com Mortatti (2000a, p.48), divulgador do "'método João de Deus', contido na *Cartilha maternal*, o qual apresenta como revolucionário e fase definitiva – porque científica – para o ensino da leitura no estado atual da civilização". Para informações mais detalhadas, ver, especialmente, Mortatti (2000a).

11 Utilizarei o termo "processar", pois se trata de discussão específica dos momentos históricos em análise. Nos documentos de época há oscilação entre "processuar" e "processar".

do do que consideravam como o "todo": a palavra, ou a sentença, ou a "historieta".

"Terceiro momento" (meados da década de 1920 a final da década de 1970) – "alfabetização sob medida": a disputa entre os defensores dos métodos sintéticos e os defensores dos métodos analíticos ainda permaneceu, mas de forma mais amena do que nos dois momentos anteriores; a questão dos métodos tornou-se relativamente secundária, após a disseminação das "novas e revolucionárias" bases psicológicas da alfabetização, que indicavam a necessidade de medida do nível de maturidade das crianças para o aprendizado da leitura e escrita por meio dos *Testes ABC* (1934), de Lourenço Filho, a fim de se organizarem classes mais homogêneas de primeiro ano escolar, para garantir maior eficácia da alfabetização.

"Quarto momento" (início da década de 1970 aos dias atuais) – "desmetodização da alfabetização": as discussões sobre os métodos de ensino são deslocadas para o processo de aprendizagem da criança, de acordo com a teoria construtivista proposta por Emilia Ferreiro e colaboradores; o construtivismo apresenta-se como uma "revolução conceitual", demandando, "abandonarem-se as teorias e práticas tradicionais", como, por exemplo, o uso das cartilhas; inicia-se, assim, uma disputa entre os partidários do construtivismo e os defensores na maioria dos casos, "inconfessos", mas atuantes dos tradicionais métodos, das tradicionais cartilhas e do tradicional diagnóstico do nível de maturidade com fins de classificação dos alfabetizandos.

A autora conclui que, ao longo dessa história, a alfabetização foi-se configurando, como objeto de estudo, em torno da "querela dos métodos", marcada pela constante tensão entre modernos e antigos, o que, no caso brasileiro, teve "diferentes modernidades" dependendo de como em cada um desses momentos, "[...] produziu-se o sentimento e a consciência do tempo então presente, buscou-se preencher, com uma verdade científica e definitiva, a lacuna entre seu passado e futuro, com arrogância/ingenuidade (?) [...] de quem não teme a inelutável destruição pelos pósteros imediatos" (Mortatti, 2000a, p.301).

No artigo, "Cartilha de alfabetização e cultura escolar: um pacto secular", Mortatti (2000b) apresenta importantes considerações sobre as publicações das primeiras cartilhas para o ensino da leitura produzidas por brasileiros, perpassando os momentos históricos mais significativos do movimento de escolarização das práticas culturais da leitura e escrita, sua identificação com a questão dos métodos de ensino e a permanência das cartilhas no âmbito escolar até os dias atuais. A autora conclui que a escola brasileira tem prometido, há pelo menos dois séculos, o acesso à instrução e ao mundo público da cultura letrada a cada nova geração de crianças. No entanto, o que se tem oferecido é o acesso a certa cultura escolar, ao se utilizar direta ou indiretamente, a cartilha de alfabetização, que "[...] perpetua certo modo de pensar, sentir, querer e agir", relacionado com a imagem idealizada de linguagem/língua e com "modelos equivocados de leitura, escrita e texto" (Mortatti, 2000b, p.50).

No Capítulo 3 do livro *Educação e letramento*, Mortatti (2004) apresenta outras importantes considerações sobre a história do ensino da leitura e da escrita no Brasil e os diferentes sentidos que foram sendo a ela atribuídos, desde o período colonial até os dias atuais, compreendida, nos diferentes momentos históricos, como: "ensino das primeiras letras"; "ensino da leitura"; "alfabetização" (processo escolarizado e cientificamente fundamentado); "aquisição da leitura e da escrita" (simultâneas); "ensino-aprendizagem da leitura e da escrita". As diferentes necessidades e finalidades atribuídas a esse ensino são decorrentes, também, das alterações advindas das questões econômicas, sociais, políticas pelas quais o país passou e ainda passa. A autora considera, ainda, que o surgimento do termo "letramento", no final do século XX, advém do "esgotamento" de possibilidades teóricas e práticas decorrentes do termo "alfabetização", e conclui, que, para essa nova possibilidade de conceber o ensino da leitura e escrita, "[...] não basta apenas saber ler e escrever, é preciso também fazer uso do ler e do escrever, saber responder às exigências de leitura e escrita que a sociedade faz continuamente" (Mortatti, 2004, p.119).

Dando continuidade à análise das características do "4° momento" da história da alfabetização (Mortatti, 2000a), no artigo "Letrar é preciso, alfabetizar não basta... mais?", Mortatti (2007) apresenta e problematiza os diferentes sentidos atribuídos ao processo de ensino da leitura e da escrita nas duas últimas décadas do século XX, em nosso país, decorrentes das concepções teóricas e práticas advindas do que a autora considera três modelos explicativos: construtivismo, interacionismo e letramento. Após explicar os pressupostos subjacentes a cada uma dessas teorias, a autora estabelece algumas relações entre elas e defende a perspectiva do interacionismo linguístico, segundo a qual: "[...] não há aprendizagem da leitura e escrita sem ensino, nem, portanto, sem professor competente para tal", portanto, "[...] ensinar a ler e a escrever é ensinar a ler e produzir textos (orais e escritos que permitam ao sujeito se constituir como tal no âmbito de uma sociedade letrada" (Mortatti, 2007, p.166).

No livro *Ensino de leitura e grupos escolares: Mato Grosso, 1910-1930,*[12] com o objetivo de compreender aspectos de um discurso institucional sobre o ensino inicial da leitura no estado de Mato Grosso, nas primeiras décadas do século XX, Amâncio (2008) apresenta a análise da configuração textual de dois documentos oficiais (o *Relatório das Escolas Normal e Modelo Anexa* (1911) e a *Ata do Conselho Superior da Instrução Publica* (1915)) considerados pela autora como emblemáticos do processo de (re)organização da escola primária em Mato Grosso, a partir da reforma realizada naquele estado, em 1910, por professores paulistas. A autora conclui que a apropriação do discurso paulista pelos mato-grossenses, no que se refere ao ensino da leitura, foi determinante da configuração de um discurso "moderno" sobre o ensino da leitura que tornou possível elevar aquele estado ao patamar de outros estados "mais desenvolvidos", como, principalmente, o estado de São Paulo.

No livro *Lourenço Filho e a alfabetização: um estudo de* Cartilha do Povo *e da cartilha* Upa, cavalinho!,[13] com o objetivo de compreender e explicar o projeto de alfabetização de Manoel Bergström Lourenço Filho,[14] Bertoletti (2006) apresenta resultados da análise da configura-

---

12 Esse livro resulta da tese de doutorado da autora (Amâncio, 2000).

13 Esse livro resulta da dissertação de mestrado da autora (Bertoletti, 1997).

14 Manoel Bergström Lourenço Filho diplomou-se, em 1915, pela Escola Normal Primária de Pirassununga.

ção textual da *Cartilha do povo* – para ensinar a ler rapidamente (1928) e *Upa, cavalinho!* (1957), ambas publicadas pela Editora Melhoramentos de São Paulo. A autora conclui que as duas cartilhas analisadas contêm as sínteses das teorias científicas sistematizadas e propostas por Lourenço Filho em relação ao ensino e aprendizagem da leitura e escrita e permanecem ao longo do tempo, sentindo-se sua influência até os dias atuais.

No livro *Emilia Ferreiro e a alfabetização no Brasil: um estudo sobre a psicogênese da língua escrita,*[15] com o objetivo de compreender o pensamento de Emilia Ferreiro sobre alfabetização, Mello (2007a) apresenta a análise da configuração textual do livro *Psicogênese da língua escrita*, de Ferreiro e Teberosky, e conclui que, no livro analisado, encontra-se "a matriz invariante" do pensamento construtivista de Emilia Ferreiro sobre alfabetização, tendo exercido significativa influência em propostas e práticas de alfabetização desde os anos 1980 até os dias atuais, especialmente no Brasil.

No Trabalho de Conclusão do Curso (TCC) de Pedagogia intitulado *Um estudo sobre* A leitura analytica *(1896), de João Köpke,*[16] a fim de compreender e explicar a concepção de leitura e escrita característica do pensamento desse professor, Ribeiro (2001) apresenta resultados da análise da configuração textual da versão impressa da conferência *A leitura analytica*. A autora conclui que o pensamento de João Köpke sobre o ensino de leitura se fundamenta em determinados princípios sobre o modo de processar o método analítico, incidentes na necessidade de se considerar o discurso como unidade de sentido no processo inicial de leitura e escrita; esse procedimento exerceu significativa influência em educadores de sua época e de décadas posteriores.

No TCC de Pedagogia intitulado *Um estudo sobre* Cartilha analytica, *de Arnaldo de Oliveira Barreto*[17] *(1869-1925)*, a fim de compreender

15 Esse livro resulta da dissertação de mestrado da autora (Mello, 2003).

16 João Köpke (1852-1926) foi professor, defensor e propugnador do método analítico para o ensino da leitura e autor de livros didáticos de acordo com o referido método. Para informações mais detalhadas, ver, especialmente, Mortatti (2000a; 1999), Ribeiro (2001; 2005) e Panizzolo (2006).

17 Arnaldo de Oliveira Barreto (1869-1925) diplomou-se pela Escola Normal de São Paulo em 1891 e escreveu diversos livros didáticos, entre eles a *Cartilha*

os conceitos e princípios teóricos implícitos no modo de desenvolver o método analítico para o ensino da leitura defendido por esse professor, Bernardes (2003) apresenta resultados da análise da configuração textual de *Cartilha analytica*. A autora conclui que a atuação profissional e a produção didática desse professor, em particular a cartilha analisada, exerceram influência significativa sobre educadores de sua época e das décadas posteriores, no que se refere ao ensino da leitura na fase inicial da escolarização de crianças.

No TCC de Pedagogia intitulado *Um estudo sobre* Nova cartilha analytico-synthética *(1916), de Mariano de Oliveira,*[18] com o objetivo de compreender a proposta para o ensino da leitura e escrita apresentada na cartilha, Sobral (2007a) apresenta os resultados da análise da configuração textual de *Nova cartilha analytico-synthética* e conclui que o "método analítico-sintético" proposto nessa cartilha foi utilizado por, ao menos, quatro décadas, em escolas de vários estados brasileiros.

No TCC de Pedagogia *O método analítico para o ensino da leitura em* Cartilha Proença *(1926), de Antonio Firmino de Proença,*[19] a fim de compreender a proposta para o ensino da leitura na *Cartilha Proença*, Gazoli (2007) apresenta resultados da análise da configuração textual dessa cartilha. A autora conclui que o método analítico nela utilizado foi considerado por seu autor como o mais adequado ao ensino inicial da leitura e escrita naquele momento histórico e que influenciou por mais de três décadas, gerações de professores e alunos do curso primário, no Brasil.

No TCC de Pedagogia intitulado *Um estudo sobre* Na roça*: cartilha rural para alfabetização rápida (1935), de Renato Sêneca Fleury,*[20]

Analytica (1909). A respeito desse educador e dessa cartilha, ver, especialmente, Melo (1954), Mortatti (2000a) e Bernardes (2003; 2008).

18 Mariano de Oliveira diplomou-se, em 1888, pela Escola Normal de São Paulo. Para mais informações sobre a atuação profissional desse autor, ver Capítulo 2 deste livro.

19 Antonio Firmino de Proença (1880-1946) diplomou-se pela Escola Normal de São Paulo, exerceu diversos cargos no magistério paulista e escreveu diversos livros didáticos para crianças. Para informações mais detalhadas sobre sua atuação profissional, ver, especialmente, Mortatti (2000a) e Gazoli (2007).

20 Renato Sêneca Fleury exerceu diversos cargos no magistério paulista. Para

com o objetivo de compreender a proposta para o ensino da leitura na cartilha de método misto *Na roça*, Messenberg (2008) apresenta os resultados da análise da configuração textual dessa cartilha. A autora conclui que as características do método misto concretizado nessa cartilha pelo professor Renato Sêneca Fleury se relacionam com as necessidades educacionais e políticas do momento histórico em que a cartilha foi publicada.

No TCC de Pedagogia intitulado *Um estudo sobre* Cartilha da infancia *(188?), de Thomaz Paulo do Bom Sucesso Galhardo,*[21] com o objetivo de compreender a proposta para o ensino da leitura concretizado na *Cartilha da infancia*, Santos (2008) apresenta os resultados da análise da configuração textual dessa cartilha e constata que o método silábico nela proposto exerceu influência, por mais de oito décadas, em várias gerações de professores e alunos do curso primário, no Brasil.

Com os textos sintetizados até aqui, como informei, dialoga mais diretamente minha pesquisa de mestrado, por abordarem historicamente a alfabetização e propiciarem a compreensão dos diferentes "momentos" da história do ensino da leitura e da escrita no país, preenchendo lacunas relativas a importantes aspectos da história da alfabetização e educação brasileira, ainda poucos explorados.

Além desses, porém, como apontam os resultados da pesquisa de Oriani (2009), especialmente a partir de 2000, intensificaram-se as pesquisas que abordam historicamente a alfabetização no Brasil, assim como temas correlatos ao da pesquisa de que resultou este livro, como as que tratam de trajetórias de intelectuais da educação brasileira, em especial daqueles que atuaram no magistério paulista, como defensores de um tipo particular de método de ensino da leitura e da escrita, embora não tratem, especificamente, das questões da alfabetização, como nos exemplos anteriores.

---

informações mais detalhadas sobre sua atuação profissional, ver, especialmente, Mortatti (2000a) e Messenberg (2008).

21 Thomaz Paulo do Bom Sucesso Galhardo diplomou-se, em 1876, pela Escola Normal de São Paulo. Para informações mais detalhadas sobre sua atuação profissional e sua cartilha, ver, especialmente, Mortatti (2000a) e Santos (2008).

Entre essas pesquisas com as quais dialoga indiretamente minha pesquisa de mestrado, destaco as de: Oliveira e Souza (2000); Oliveira (2004); Gonçalves (2002); Chamon (2005); e Panizzolo (2006).

No artigo intitulado "As faces do livro de leitura", Oliveira e Souza (2000) visam a contribuir para a compreensão da história do livro didático no Brasil, mais especificamente no estado de São Paulo, a partir da análise de alguns dos livros de leitura mais utilizados nas escolas primárias, no final do século XIX e início do XX. Ao longo do desenvolvimento da pesquisa de que resultou o artigo, as autoras delineiam as diferentes faces do livro de leitura bem como seu uso na escola primária brasileira, considerando: o conteúdo, a finalidade, o formato e a autoria desses livros, estabelecendo relação entre eles, a história das disciplinas escolares e a história da leitura no Brasil.

Na dissertação intitulada *As séries graduadas de leitura na Escola Primária Paulista (1890-1910)*, Oliveira (2004) analisa os livros de duas séries graduadas de leitura, escritos, respectivamente, pelo professor Felisberto de Carvalho[22] e pelos professores Romão Puiggari[23] e Arnaldo Barreto, com o objetivo de compreender importante momento da história do livro didático no Brasil, em especial no estado de São Paulo. A autora conclui que essas duas séries se destacaram pela ampla permanência nos catálogos das editoras e que estavam pautadas: em modelo "enciclopédico" – a de Felisberto de Carvalho; e em modelo "formativo" – a de Romão Puiggari e Arnaldo de Oliveira Barreto.

Na dissertação de mestrado intitulada *A trajetória profissional e as ações de Oscar Thompson sobre a Instrução Pública em São Paulo (1889-1920)*, Gonçalves (2002) apresenta resultados de pesquisa histórica desenvolvida com o objetivo de investigar e reconstituir a trajetória profissional e intelectual do professor Oscar Thompson. A autora conclui que as iniciativas de Oscar Thompson (como professor, diretor

---

22 Felisberto de Carvalho escreveu "[...] obras de gramática, educação moral e cívica, história natural e higiene sendo, entretanto, seus livros mais famosos e de 'longa duração', os cinco livros de leituras publicados inicialmente na década de 1880 com reedições até 1959" (Bittencourt, 2004, p.487-8).

23 Romão Puiggari diplomou-se, em 1888, pela Escola Normal de São Paulo.

da Escola Normal de São Paulo e diretor geral da Instrução Pública) contribuíram singularmente para a educação paulista.

Na tese de doutorado intitulada *Maria Guilhermina Loureiro de Andrade: a trajetória profissional de uma educadora (1869/1913)*, Chamon (2005) apresenta os resultados de pesquisa histórica desenvolvida com o objetivo de compreender a trajetória profissional da professora Maria Guilhermina e sua inserção no campo educacional no âmbito do Rio de Janeiro, São Paulo e Minas Gerais. Mediante a análise da produção escrita dessa professora, Chamon conclui que o pertencimento religioso de Maria Guilhermina ao protestantismo influenciou decisivamente sua atuação profissional, pois propiciou a ela um primeiro contato com as concepções educacionais norte-americanas, que, após seus estudos por quatro anos nos Estados Unidos, foram amplamente divulgadas por ela em sua produção escrita, seja como autora de livros, livros didáticos ou traduções.

Na tese de doutorado intitulada *João Köpke e a escola republicana: criador de leituras, escritor da modernidade*, Panizzolo (2006) apresenta os resultados de pesquisa histórica com o objetivo de evidenciar a singularidade da atuação profissional de João Köpke na condição de intelectual da educação. Mediante a análise da produção escrita desse professor, Panizzolo conclui sua atuação foi fortemente influenciada por um projeto político-intelectual republicano em que divulgou, pioneiramente, as concepções e as práticas de ensino baseadas na pedagogia moderna.

Como se pode constatar, os textos sintetizados acima compõem um importante conjunto de temas e problemas referentes à abordagem histórica da educação e da alfabetização no Brasil. A essas contribuições considero que se vem acrescentar, complementando, embora modestamente, os resultados de pesquisa de mestrado apresentados neste livro, para cujo desenvolvimento utilizei conceitos operativos que apresento a seguir e que se relacionam com a abordagem histórica e a fundamentação teórica propostas.

Apesar das diferentes possibilidades de significados, utilizo o termo "alfabetização" no sentido que lhe atribui Mortatti (2000a, p.17): "[...] ensino da língua escrita na fase inicial de escolarização de crianças", o qual se refere a:

> [...] um momento de mudança, como indicativo e anúncio de um ritual de passagem para um mundo novo, para o indivíduo e para o Estado: o mundo público da cultura letrada, que instaura novas formas de relação dos sujeitos entre si, com a natureza, com a história e com o próprio Estado; que instaura, enfim, novos modos e conteúdos de pensar, sentir, querer e agir. (Mortatti, 2004, p.32)

De acordo com essa pesquisadora, portanto, a alfabetização é o momento inicial do ensino de língua materna, ou língua portuguesa, no caso brasileiro.

Quanto aos métodos de alfabetização, Braslavsky (1971) aponta dois tipos básicos: o sintético e o analítico.

> [...] um desses métodos começa pelo estudo dos sinais ou pelo dos sons elementares; e o outro, pelo contrário, busca obter o mesmo resultado, colocando de repente a criança em face da linguagem escrita. O primeiro é geralmente conhecido com o nome de "método sintético", em razão do trabalho psicológico que demanda da criança para o ato de ler. Desde que tenha aprendido a ler cada sinal, a criança deve, com efeito, condensar essas diferentes leituras em uma leitura única que, geralmente, para cada agrupamento particular desses sinais, é diferente de sua leitura isolada... Trata-se, pois, de uma operação de síntese. O outro método parte dos agrupamentos mesmos. Parte das palavras. Chamar-se-á *analítico*, quando se deseje recordar o trabalho psicológico que se exige do menino ao aprender, segundo esses agrupamentos, as denominações de suas partes ou sonoridades de suas sílabas. A mesma maneira de proceder se designará sob o nome de método *global*, se deseja recordar unicamente a sua origem: pôr a criança em presença de frases, ou de palavras, tais como as lemos. (Simon apud Braslavsky, 1971, p.44, grifos da autora)

Portanto, o método de marcha sintética inicia o ensino da leitura da "parte" para o "todo". Há, ainda, uma subdivisão do método sintético, de acordo com os processos utilizados para sua condução: método alfabético ou da soletração, método fônico e método da silabação ou silábico. O método alfabético consiste em iniciar "[...] esse ensino com a identificação das letras do alfabeto pelos seus nomes, formando-se depois sílabas e, com elas, palavras, até se chegar à leitura de sentenças ou histórias [...]" (Mortatti, 2004, p.123); o método fônico consiste em iniciar esse processo, enfatizando-se "[...] as relações entre sons [isolados ou em sílabas] e símbolos gráficos [...]" (ibidem), complementando-se com a sequência anteriormente descrita; e o método silábico consiste em iniciar o ensino da leitura com a apresentação das famílias silábicas, também complementando com a sequência anteriormente descrita.

Seguindo caminho inverso, o método analítico inicia o ensino da leitura "[...] com unidades completas de linguagem, para posterior divisão em partes ou elementos menores [...]" (ibidem). Há também uma subdivisão do método analítico, de acordo com os processos utilizados: método da palavração, método da sentenciação e método da "historieta" ou de contos. O método da palavração consiste em iniciar esse ensino "[...] com palavras, que depois são divididas em sílabas e letras [...]" (ibidem); o método da sentenciação consiste em iniciar esse ensino "[...] com sentenças inteiras, que são divididas em palavras, e estas em sílabas e letras [...]" (ibidem); e o método da "historieta" ou de contos consiste em iniciar "[...] com histórias completas para depois se orientar a atenção para sentenças, palavras, sílabas, letras [...]" (ibidem). Relacionado com o método analítico, tem-se, também, o método global, que, conforme apontado na citação de Braslavsky (1971, p.44), consiste em "[...] pôr a criança em presença de frases, ou de palavras, tais como as lemos", ou, ainda, na presença de contos,[24] tal como se propôs a "concretização" desse método no Brasil.

No caso brasileiro e paulista, segundo Mortatti (2000a), diferentes concepções de leitura e escrita foram sendo produzidas no processo de organização do sistema público de ensino no Brasil e da constituição de um modelo específico de escolarização das práticas culturais de leitura e escrita, que esteve, direta ou indiretamente, relacionado com a questão dos métodos de alfabetização. A história da alfabetização é, assim, marcada pela disputa entre esses dois tipos básicos de métodos e suas "concretizações" em cartilhas, as quais essa autora define como

24 A respeito da utilização do método global para a alfabetização de crianças, no Brasil, ver, especialmente, Maciel (2001).

"[...] um tipo particular de livro didático [no] qual se encontram o método a ser seguido e a matéria a ser ensinada, de acordo com certo programa oficial estabelecido previamente." (Mortatti, 2000b, p.42).

Quanto à definição de livro de leitura, também um tipo particular de livro didático, devem-se considerar tanto a complexidade apontada por Batista (1999) em relação a essa fonte de informação quanto à problematização que esse autor apresenta a respeito de uma formulação do conceito de livro didático, a qual deve resultar "[...] de um conjunto de decisões controladas" (ibidem, p.567), que devem levar em consideração os suportes materiais dos textos e impressos, o processo de produção e reprodução, sua função, suas diferentes facetas e interesses sociais, dependendo desses aspectos uma conceituação mais ampla ou mais restrita de livro didático.

Apesar da complexidade e dos problemas mencionados, pode-se considerar: que a cartilha é um tipo de livro didático, cuja especificidade consiste em sua destinação ao ensino inicial da leitura; e que o livro de leitura é também um tipo de livro didático de uso corrente no Brasil desde o final do século XIX até meados do século XX, cuja especificidade consistia em sua destinação ao ensino da leitura em séries/anos no curso primário subsequente ao ensino inicial da leitura e escrita, ou alfabetização.

Quanto ao método para o desenvolvimento da pesquisa, optei pela abordagem histórica, no âmbito da pesquisa em educação, com base, especialmente, nas contribuições da "história cultural", que, segundo Chartier (1990, p.16-7), "[...] tem por principal objeto identificar o modo como em diferentes lugares e momentos uma determinada realidade social é construída, pensada, dada a ler".

Chartier (ibidem, p.25), ainda, critica as abordagens que:

> [...] consideram o ato de ler como uma relação transparente entre o "texto" – apresentado como uma abstração, reduzido ao seu conteúdo semântico, como se existisse fora dos objetos que o oferecem à decifração – e o "leitor" – também ele abstrato, como se as práticas através das quais ele se apropria do texto não fossem histórica e socialmente visíveis.

Portanto, de acordo com esse autor, a leitura de todo texto deve envolver um "processo de construção de sentido", a partir "das práticas, complexas, múltiplas, diferenciadas" de leituras, que constroem o mundo como representação (ibidem, p.28).

A essas contribuições, acrescento as de Marson (1984, p.50) sobre o procedimento histórico:

> A nossa relação com o objeto trava-se, assim, no campo da significação inerente a todo texto e, para resgatá-la, dispomos de uma variedade de recursos analíticos [...]. Seja qual for este recurso, a significação não será alcançada em sua dimensão histórica se apenas se efetua a "leitura interna", destrinchando os códigos da linguagem, ou se reduz a leitura à retirada de certos conteúdos que apenas justificam o interesse imediato de alguém que escreveu aquele texto. Ação e pensamento não podem ser isolados uma do outro, pois se originam num mesmo movimento em que um determinado sujeito constitui e é constituído na história; e um texto sempre é algo produzido tanto para manifestar um pensamento quanto para acompanhar uma ação (ele mesmo já é ação). Se é importante levantar as evidências disponíveis e relacionadas, por exemplo, ao autor, ao texto, ao nível de linguagem etc., deve-se chegar ao contexto mesmo de sua produção, ao vínculo substancial de sua significação a uma política que é o local privilegiado de junção pensamento/ação.

A respeito da pesquisa histórica, Mortatti (1999, p.73) aponta que "[...] caracteriza-se como um tipo de pesquisa científica, cuja especificidade consiste, do ponto de vista teórico-metodológico, na abordagem histórica – no tempo – do fenômeno educativo em suas diferentes facetas". O objetivo dessa abordagem é:

> [...] apreender e problematizar, por meio de configurações textuais – as lidas e as produzidas pelo pesquisador –, a simultaneidade entre continuidade e descontinuidade de sentidos a respeito do fenômeno educativo em diferentes facetas, simultaneidade essa que caracteriza o movimento histórico e as "temporalidades múltiplas" que nele coexistem. (ibidem, p.75)

Boto (1994, p.24), por sua vez, aponta alguns "dilemas" enfrentados no desenvolvimento do trabalho historiográfico, ao afirmar que ele "[...] situa-se invariavelmente na confluência entre o tempo do objeto investigado e o tempo do sujeito investigador". A autora adverte que:

> [...] reconhecer esse olhar datado leva-nos a buscar compreender os condicionamentos e obstáculos que, pela ameaça do anacronismo, podem vir a comprometer o rigor da pesquisa. Por outro lado, compreender o que uma época perguntou a respeito da outra conduz à possibilidade de maior familiaridade com ambas. (ibidem, p.24)

Assim, para essa autora:

> [...] toda história é escolha. É-o até devido ao acaso que aqui destruiu e ali salvou os vestígios do homem. É-o devido ao homem: quando os documentos abundam, ele resume, simplifica, põe em destaque isto, apaga aquilo. É-o, sobretudo, porque o historiador cria os seus materiais, ou se quiser recria-os: o historiador que não vagueia ao acaso pelo passado como um trapeiro à busca de achados, mas parte com uma intenção precisa, um problema a resolver, uma hipótese de trabalho a verificar. (Febvre apud Boto, 1994, p.24)

Sobre essa dificuldade apontada por Boto (2004) do papel do historiador, Costa (2007, p.387) considera a crítica dos testemunhos umas das tarefas mais árduas dessa tarefa, pois:

> Ao descrever o momento que estão vivendo, os homens traçam frequentemente uma imagem superficial e deformada dos fatos. O grau de comprometimento do observador, a qualidade e a quantidade das informações de que dispõe sua maior ou menor capacidade de análise, a maneira pela qual se deixa empolgar pelas paixões e sentimentos refletem no seu depoimento. É regra elementar da pesquisa histórica submeter a documentação a uma crítica rigorosa e, no entanto, essa regra tão elementar é extremamente difícil de ser posta em prática e, principalmente, de ser bem-sucedida quando se trata de criticar o depoimento testemunhal.

A opção pela abordagem histórica aqui proposta demanda a utilização de fontes documentais, como "mediadoras na produção do objeto de investigação", entendendo-se por documento:

> [...] uma montagem, consciente ou inconsciente, da história, da época, da sociedade que o produziram, mas também das épocas sucessivas durante as quais continuou a viver, talvez esquecido, durante as quais continuou a ser manipulado, ainda que pelo silêncio. (Le Goff, 2003, p.538)

Os "documentos-fontes", por sua vez, são tratados como configurações textuais, conforme propõe Mortatti (2000a, p.31), ou seja, são interrogados na busca constante "[...] da compreensão, explicação e interpretação do que foi, em cada momento, o fazer e seu sentido relativamente à alfabetização".

É importante ressaltar ainda que a opção por utilizar, na pesquisa de que resultou este livro, documentos escritos como fontes:

> [...] foi motivada por sua condição de texto verbal, resultante de um trabalho discursivo, consciente ou não, de determinado(s) sujeito(s) do momento histórico em que foram produzidos, assim como seus pósteros, para os quais continuaram a existir, manipulados seja pelo combate acusatório, seja pelo esquecimento silencioso e nem sempre inocente. (Mortatti, 2000a, p.30)

Sobre essa questão, acrescento também as contribuições de Marson (1984, p.54):

> [...] o enfoque do documento como algo produzido exige a retomada de sua própria materialidade – considerando as propriedades naturais de que é composto, seus elementos físicos, químicos, etc.- de sua condição de objeto, isto é, um resultado de produção e apropriação por homens determinados historicamente.

Coerentemente com a abordagem histórica proposta, para o desenvolvimento da pesquisa de que resultou este livro, optei, portanto, pela pesquisa documental e bibliográfica, desenvolvida mediante utilização de procedimentos de: localização, recuperação, reunião, seleção, ordenação e análise de fontes documentais; e de leitura de bibliografia especializada, em especial com abordagem histórica, sobre alfabetização, métodos de alfabetização, cartilha de alfabetização, livro de leitura e aspectos correlatos, tais como, características do momento histórico-educacional, características das editoras dos textos em análise, entre outros que se fizerem necessários para a análise da configuração textual.

Os textos de Theodoro de Moraes que integram esse *corpus* – o livreto, o documento oficial e os livros didáticos – são aqui considerados fontes documentais primárias, às quais apliquei o método de análise decorrente do conceito de configuração textual proposto por Mortatti (2000a, p.31), que o define como o:

> [...] conjunto de aspectos constitutivos de determinado texto, os quais referem-se: às opções temático-conteudísticas (o quê?) e estruturais-formais (como?), projetadas por um determinado sujeito (quem?), que se apresenta como autor de um discurso produzido de determinado ponto de vista e lugar social (de onde?) e momento histórico (quando?), movido por certas necessidades (por quê?) e propósitos (para quê?), visando a determinado efeito em determinado tipo de leitor (para quem?) e logrando determinado tipo de circulação, utilização e repercussão.

Como fontes secundárias auxiliares para a análise, utilizei outros textos escritos por Theodoro de Moraes ou textos escritos por outros autores que tratam de aspectos da vida e da atuação profissional desse professor.

Quanto à utilização do livro didático como fonte de pesquisa historiográfica, Bittencourt (2004, p.34-5) adverte sobre os cuidados que o pesquisador deve ter:

> Os livros didáticos, usados como uma das fontes para estudos da história da educação ou mesmo da produção historiográfica mais geral, precisam de cuidadosa interpretação pela sua complexidade que, entre outros problemas, variam conforme o período, com diferentes sujeitos atuando em sua elaboração, confecção e pelo contexto de sua utilização.

Quanto à questão da autoria do livro didático, Bittencourt (ibidem, p.477) busca traçar o perfil dos primeiros autores de livros didáticos no Brasil no decorrer do século XIX e início do XX e ressalta a importância de o pesquisador atentar para essa questão, "[...] por meio da qual é possível ver a distinção entre o trabalho de escrever um texto e o de fabricar um livro".

Ainda em relação a esses cuidados, Choppin (2004, p.557) ressalta a necessidade de o pesquisador atentar tanto para o que os livros didáticos explicitam quanto para o que silenciam:

> Os autores de livros didáticos não são simples espectadores de seu tempo: eles reivindicam um outro status, o de agente. O livro didático não é um simples espelho: ele modifica a realidade para educar as novas gerações, fornecendo uma imagem deformada, esquematizada, modelada frequentemente de forma favorável: as ações contrárias à moral são quase sempre punidas exemplarmente; os conflitos sociais, os atos delituosos ou a violência cotidiana são sistematicamente silenciados. [...] é necessário também prestar atenção àquilo que eles silenciam, pois se o livro didático é um espelho, pode ser também uma tela.

Ciente de todos os riscos de desenvolver a pesquisa que me propus, com todas as possíveis limitações, considero que o que aqui apresento decorre da busca em contribuir para a compreensão de importantes aspectos da história da educação brasileira, ainda pouco explorados, a fim de também contribuir para a compreensão dos problemas do presente.

1
Theodoro de Moraes:
professor, administrador e escritor

Aspectos de sua vida, formação escolar e atuação profissional[1]

Theodoro Jeronymo Rodrigues de Moraes nasceu no dia 18 de agosto de 1877, na cidade de São Paulo (SP) e faleceu, nessa mesma cidade, com 79 anos, em 16 de abril de 1956.

Foi o primogênito, entre os 14 filhos do dr. Antonio Augusto Rodrigues de Moraes, formado em Direito e chefe de Polícia e Juiz de Direito no Mato Grosso, e de Maria Eugenia de Vasconcelos de Moraes.

Era neto do dr. Theodoro Rodrigues de Moraes, nascido em Jaraguá (GO), e de Rosa Gaudie Fleury Rodrigues de Moraes, nascida em Cuiabá (MT). Seu avô exerceu gratuitamente a medicina durante

---

1 As informações contidas neste tópico foram localizadas: em documentos do acervo do Setor de Documentação Histórica Escolar do Centro de Referência em Educação "Mário Covas"; nos acervos da Escola Estadual "Luís Leite", do Museu Histórico "Bernardino de Campos" e do Centro de Documentação da Unifia, todos em Amparo (SP); em Mesquita (1922); em Moraes (1917) e Barboza (2006); em artigos do jornal *Cidade de Amparo* e no site da Escola Estadual "Theodoro de Moraes"; a qual foi fundada na cidade de São Paulo, em 25/8/1933, com a denominação "Primeira Escola Reunida", junto ao Asilo Anália Franco; em 25/1/1975, passou a ser denominada Escola Estadual de Primeiro Grau "Professor Theodoro de Moraes".

muitos anos e foi também Governador pela província de Goiás, tendo assumido o cargo na qualidade de 1º vice-presidente, em 1873, e de 2º vice-presidente, de 1878 a 1883, com intervalos. Foi promovido em 1878 a tenente-coronel e nomeado pouco depois cirurgião-mór do Exército Brasileiro. Dr. Moraes transferiu a sua residência, em 1884, para o Rio de Janeiro-RJ, onde faleceu em 1897, já viúvo, no posto de médico general do Exército Brasileiro.

Theodoro de Moraes iniciou seus estudos primários na cidade de Cuiabá (MT), pois "[...] as atividades de seu pai obrigavam a família a um constante deslocar-se para diferentes regiões do país [...]" (*Biografia do nosso patrono*, s.d.).

Juntamente com sua família, mudou-se para a cidade de São Paulo, onde deu continuidade aos estudos primários, tendo sido matriculado na Escola Neutralidade,[2] fundada em 1884, pelos professores Antonio da Silva Jardim e João Köpke, o qual foi seu professor das primeiras letras. Embora não tenha localizado a data precisa em que Theodoro de Moraes foi transferido para essa escola, presumo que tenha sido entre os anos de 1884 e 1886, pois, de acordo com Ribeiro (2001), foi esse período em que João Köpke permaneceu nessa escola, mudando-se, posteriormente, para a cidade do Rio de Janeiro.

Portanto, Theodoro de Moraes nasceu e cresceu em um núcleo familiar em que as condições culturais e financeiras eram, no mínimo, diferenciadas para os padrões das décadas finais do século XIX. Como se sabe, nesse momento histórico, a minoria da população brasileira frequentava a escola primária, e uma parcela bem ínfima a escola de formação superior.[3] Provavelmente, a formação intelectual e profissional de seu avô (médico) e de seu pai (juiz) contribuiu, para a formação cultural de Theodoro de Moraes. Além disso, a família de

2 Segundo Hilsdorf (1986), a Escola Neutralidade era destinada a crianças de 7 a 18 anos, de ambos os sexos, e estava organizada conforme os princípios do ensino intuitivo e concreto.

3 Segundo Azevedo (1958, p.131), "[...] só essa educação de base literária – clássica e de preparação para as profissões de advogados, médicos e engenheiros, conferia aos brasileiros um título, os elevava em dignidade social e ficava sendo ainda o caminho dos cargos importantes".

Theodoro de Moraes valorizava a educação *escolar*, já que em meados de 1883, o matriculou na escola primária de Cuiabá e, posteriormente, na Escola Neutralidade, em São Paulo, cujas bases do ensino eram o método intuitivo.[4]

Posteriormente, Theodoro de Moraes foi aluno "[...] da Escola Militar da Praia Vermelha,[5] onde assentou praça a três de setembro de 1894, [...], obtida baixa do serviço em 1897" (*Educação*, 1934, p.155), por conta do seu ingresso como professor adjunto no Grupo Escolar "Luís Leite". Certamente, os três anos de formação militar que recebeu, ao ingressar, em 1897, na Escola Militar da Praia Vermelha, no Rio de Janeiro, propiciaram a ele, novas aspirações, já que optou pela interrupção da carreira militar e pelo ingresso no magistério.

Em 1889, Theodoro de Moraes casou-se com Joana Correa Rodrigues de Moraes, na cidade de Amparo, como informa o jornal *Cidade do Amparo*, no artigo "Festa Nupcial":

> Sabbado 24 do corrente, o lar do nosso chefe e amigo esteve em festa, uma festa toda intima, mas primorosa, com a realização do enlace de sua dilecta filha a exma. sra. D. Joanna Pinto Corrêa com nosso o nosso sympathico amigo sr. *capitão* Theodoro Rodrigues de Moraes, distincto professor do "Grupo Escolar". (*Cidade de Amparo*, 28 jun. 1899, grifo meu)[6]

Da união matrimonial de Theodoro de Moraes com Joana, nasceram nove filhos. Em 1898, aos 21 anos de idade, Theodoro de Moraes iniciou sua carreira de professor público em Amparo (SP),

4 A respeito do método intuitivo, ver, especialmente, Valdemarin (2004).

5 Segundo Santos (2007, p.313), "[...] a formação de engenheiros militares, bem como a de oficiais em geral, passou a ser realizada na Escola Militar da Praia Vermelha", de 1874 a 1904, no Rio de Janeiro.

6 Não foi possível informar o número das páginas dos textos publicados no jornal *Cidade de Amparo*, porque, até o momento, pude localizar e recuperar apenas recortes de páginas desse jornal, contendo informações manuscritas incompletas.

como adjunto,[7] no Grupo Escolar "Luís Leite",[8] onde lecionou até o ano de 1902.

Sobre a atuação de Theodoro de Moraes nesse grupo escolar, o diretor Aristides de Macedo[9] atestou em carta de recomendação que:

> [...] o cidadão Theodoro Jeronymo Rodrigues de Moraes foi nomeado adjunto do grupo escolar "Luís Leite", desta cidade, a 5 de Novembro de 1898 e exerceu esse cargo de 10 de Dezembro de 1898 a 30 de Novembro de 1902. Attesto outroussim que o referido cidadão, durante o tempo em que exerceu as funcções do cargo de professor, neste estabelecimento de ensino, prestou bons serviços ao Estado, cumprindo os seus deveres com a maxima correcção e recommendando-se pela sua dedicação e proficiencia nas classes que regeu. – *Aristides de Macedo*. (Moraes, 1917, p.164)

Nesse período, além de professor adjunto no Grupo Escolar "Luís Leite", Theodoro de Moraes ministrava aulas particulares, conforme anúncio no jornal *Cidade do Amparo*:

> Theodoro de Moraes prepara alumnos à matricula nas Escolas normal e Complementar, leccionando tambem as seguintes matérias: portuguez, francez, arithmetica, geographia geral, chorographia do Brasil, historia universal e do Brasil, elementos das sciencias phisicas-naturaes. (*Cidade de Amparo*, 30 mar. 1902)

Em 1903, Theodoro de Moraes atuou também como professor adjunto no Grupo Escolar "Rangel Pestana",[10] em Amparo (SP).

---

7 "Os chamados adjunctos de concurso, [...] eram, como os intermédios, professores leigos, que ingressavam no magistério publico, mediante habilitação de provas, com esta única differença, aliás em favor dos primeiros: os adjunctos de concurso, submetiam-se a exames mais rigorosos, menos perfunctorios, que os prestados pelos intermedios, cujo concurso se fazia por programmas que datavam o regime monarquico." (*Educação*, 1934, 157).

8 O Grupo Escolar "Luís Leite" foi o terceiro instalado no interior do estado de São Paulo, em 1894, sob a direção de Antonio Villela Júnior.

9 Aristides Epiphanio Macedo diplomou-se em, 1888, pela Escola Normal de São Paulo.

10 O Grupo Escolar "Rangel Pestana" foi instalado em junho de 1903, e seu primeiro diretor foi Antonio Villela Júnior, o qual exerceu este cargo até 1911.

Nesse mesmo ano, juntamente com sua família, retornou à capital do estado para iniciar o curso secundário de formação para o magistério, na Escola Normal Secundária "Caetano de Campos".[11] O ingresso de Theodoro de Moraes no curso de formação para professores[12] na Escola Normal Secundária de São Paulo foi, portanto, bastante significativo e pouco tranquilo, pois ele renunciou o conforto de sua vida familiar, profissional e financeira no interior do estado, em busca de uma formação mais adequada como professor primário, na capital paulistana.

Esse curso de formação para professores tinha duração de quatro anos e as matérias que compunham o currículo da seção masculina, eram:

> 1º anno: Portuguez e latim; Francez; Arithmetica e álgebra, Calligraphia e desenho; Trabalhos manuaes e Gymnastica e exercícios militares.
>
> 2º anno: Portuguez e latim; Francez; Geometria e trigonometria; Geographia (geral e do Brasil) e astronomia; calligraphia e desenho; Trabalhos manuaes e musica.
>
> 3º anno: Portuguez e latim; Inglez; Mechanica, physica e chimica; Escripturação mercantil; Calligraphia e desenho; Trabalhos manuaes; Musica; Exercícios de Ensino na Eschola Modelo Annexa.
>
> 4º anno: Portuguez (historia da língua); Inglez; Pedagogia e educação cívica; Historia natural, anatomia, phisiologia e noções de hygiene; Historia da civilização e do Brasil; Exercícios de Ensino na Eschola Complementar Annexa. (*Coleção das Leis e Decretos...*, 1904, p.154)

Como se pode observar, os dois anos iniciais do curso apresentavam matérias mais ligadas à formação geral do professor, e os dois anos seguintes, à introdução desses alunos-mestres aos exercícios de ensino

---

11 A Escola Normal de São Paulo teve diferentes denominações: "Escola Normal da Capital", "Escola Normal Secundária", "Escola Normal da Praça". Em 1911, a Escola Normal da Capital passou, pela Lei n.1341 de 16 dez., à denominação de Escola Normal Secundária. A respeito da história dessa escola, ver, especialmente, o trabalho pioneiro de Tanuri (1979) e Pereira (2013).

12 De acordo com Rodrigues (1930), o curso de formação para professores da Escola Normal de São Paulo passou por diferentes fases: nos dois primeiros anos de sua existência (1876-1877), o curso era de duração máxima de dois anos; de 1881 a 1893 o curso passa a três anos de duração e de 1897 em diante passa a ter quatro anos de duração.

nas escolas-modelo anexas. É consenso entre os estudiosos do campo de história da educação brasileira, que o ensino oferecido nas escolas-modelo paulistas representou um importante foco de renovação e, por isso, um exemplo a ser seguido pelas outras instituições escolares da época, como afirma Nagle (1964, p.91):

> As escolas-môdelo começaram a ser criadas pelo decreto nº 27, de 12 de março de 1890. Servindo de campo de prática aos alunos da Escola Normal (art. 20), essas unidades dariam ênfase à "observação espontânea", às lições mais empíricas, de modo a provocar no educando o "desenvolvimento gradual de suas faculdades". De acôrdo com as informações de que se dispõe, as escolas-môdelo foram consideradas a "chave de tôda a evolução do ensino", e nelas foram adotadas idéias de Froebel e Pestalozzi. Ao mesmo tempo que se tentava fazê-las funcionar de acôrdo com os princípios da "pedagogia moderna", introduzia-se o princípio da evolução psicológica, natural, do educando e os processos intuitivos de ensino.

Possivelmente, foi na escola-modelo anexa à Escola Normal de São Paulo, instituição formadora de diferentes gerações de intelectuais, que Theodoro de Moraes teve seus primeiros contatos teóricos e práticos com os pressupostos do método analítico para o ensino da leitura, seja pelo conteúdo das matérias que compunham o programa, seja pelas aulas ministradas pelos professores ou, ainda, por meio das leituras de obras da pedagogia moderna. Inicialmente, Theodoro de Moraes observou e experimentou como aluno-mestre o ensino baseado nos princípios da pedagogia então moderna e, posteriormente, praticou com propriedade todo seu conhecimento como professor da Escola Modelo Isolada do Largo de Arouche.

Portanto, Theodoro de Moraes contribuiu, efetivamente, para a "reforma dos métodos e processos de ensino" iniciada nas escolas-modelo e, concomitantemente, divulgou-as mediante a publicação de sua cartilha e livros de leitura de acordo com o método analítico.

Durante todo o período em que Theodoro de Moraes estudou nessa escola Normal, também trabalhou como professor particular e como revisor em jornais.

> [...] á custa própria, transportou-se o peticionario com mulher e três filhos, para esta capital; prestou o exame de sufficiencia, e, nelle approvado com distincção, realizou o seu desejo: matriculado, frequentou, com as melhores notas do curso, as aulas da Escola Normal, trabalhando, como revisor de jornal, das 8 da noite até pela madrugada em fora, para granjear a sua subsistencia e da família. (*Educação*, 1934, p.156)

Em 1906, juntamente com outros 50 normalistas, Theodoro de Moraes diplomou-se professor pela Escola Normal Secundária, tendo-se destacado entre os mais dedicados de sua turma, conforme os livros de "[...] registros das notas de exames e médias de applicação das materias [...] da Escola Normal da Capital", assinados pelo diretor Oscar Thompson, e também conforme dedicatória feita em um retrato por esse diretor: "A Theodoro de Moraes que tão bons exemplos deixou na Escola Normal" (Moraes, 1917, p.165).

Dos alunos que se formaram, em 1906, com Theodoro de Moraes, na seção masculina da Escola Normal Secundária, tiveram maior visibilidade no magistério paulista: Benedito Tondela, Guilherme Jorge Kuhlmann, Juvenal de Azevedo Penteado, e Vespasiano de Toledo Piza. Desses, o que tinha maior proximidade com Theodoro de Moraes era Juvenal Penteado (segundo melhor aluno da turma) e, posteriormente, seu colega de trabalho e diretor na Escola Normal Secundária de São Carlos.

Além dos colegas de turma na Escola Normal de São Paulo, Theodoro de Moraes conquistou, também, a admiração do diretor dessa instituição, Oscar Thompson, que acompanhou o bom desempenho do normalista eleito como o melhor aluno da turma. Ao que tudo indica, Oscar Thompson, inicialmente como diretor da Escola Normal e, posteriormente, como diretor geral da Instrução Pública, "apadrinhou" intelectualmente Theodoro de Moraes tendo estado envolvido, direta ou indiretamente, com sua rápida ascensão nos cargos públicos do magistério paulista.

Logo após sua diplomação, Theodoro de Moraes exerceu importantes cargos na administração paulista, como diretor e inspetor escolar. É importante destacar a importância que se atribuía a esses cargos e suas funções, naquele momento histórico. Segundo o inspetor geral de Ensino, João Lourenço Rodrigues, a escolha do diretor escolar era decisiva para os destinos da instituição:

> Esta escolha é para um grupo uma questão de vida ou de morte. Pode-se dizer, em geral, que tanto vale o director, tanto vale o grupo.
>
> Ora, si tão importante é o papel do director, dahi decorre para o Governo a necessidade de prestigial-o por todos os meios.
>
> Bati-me sempre por este principio. Collocado o director no ponto de confluencia de tantos interesses desencontrados, o apoio official torna-se indispensável para poder elle enfrentar e dominar as difficuldades que, de toda a parte, surgem a entorpecer-lhe a acção. (*Annuario do ensino...*, 1908, p.26)

Sobre as funções atribuídas à figura do diretor nos grupos escolares naquele momento histórico, Ghiraldelli Junior (2006, p.37) afirma:

> A ele [diretor] cabia a administração de tudo, inclusive o zelo do prédio, a montagem e cuidado da biblioteca, a fiscalização da assiduidade dos professores, a representação da escola na comunidade e, principalmente, a direção pedagógica do estabelecimento, desde que se preocupasse em fazer os professores seguir o rumo dado pelas escolas-modelos da cidade de São Paulo, escolas montadas diretamente pela Escola Normal da capital.

E, após um ano de formado, foi nomeado diretor do Grupo Escolar "Coronel Joaquim de Sales",[13] em Rio Claro (SP), pelo então diretor geral da Instrução Pública do Estado de São Paulo, dr. Oscar Thompson. Essa nomeação foi assim justificada: "[...] por ter mais de quatro annos (1898-1903), de effectivo exercício no cargo de adjuncto, com regência e tirocínio do 2º, 3º e 4º anno preliminar, foi nomeado, por decreto de 24 de janeiro de 1907, director do grupo escolar de Rio Claro" (*Educação*, 1934, p.156).

---

13 O Grupo Escolar "Coronel Joaquim Sales" foi instalado em 12 de julho de 1900 e, como diretor, foi designado o professor adjunto Joaquim Antonio Ladeira, o qual desempenhou essa função até 13 de março de 1906.

A respeito da nomeação para esse cargo, Theodoro de Moraes (1917, p.165) relembra que:

> Do inspector geral do ensino daquella epoca, recebi varias cartas de espontaneos encomios, todas em papel timbrado. Desato o negalho que as prende, retiro uma do maço amarelento e della, os dois períodos iniciaes:
>
> 'Acceite uma saudação bem amical e fique sabendo que por aqui correm noticiais muito favoraveis sobre a orientação do actual director do grupo de Rio Claro.
>
> Meus parabéns pois.
>
> *João Lourenço Rodrigues*[14]

Permaneceu por menos de um ano nesse cargo, mas sua atuação foi elogiada pelo então inspetor escolar, dr. Chrysostomo Bueno dos Reis Junior (apud Moraes, 1917, p.165),[15] em uma visita a esse grupo escolar:

> O grupo escolar "Coronel Joaquim de Sales" está funcionando com regularidade e aproveitamento apreciaveis. Em todo o estabelecimento há o maximo asseio possivel. Nos livros de escripturação nada encontrei de irregular relativamente á actual direcção. A julgar pelas reconhecidas e evidentes competencia, boa orientação e zelo do actual director, sr. Theodoro de Moraes, retiro-me convencido de que, dentro em pouco, este estabelecimento estará á altura dos melhores do Estado.

A figura do diretor era central para o bom andamento das instituições escolares de acordo com as orientações oficiais advindas da Diretoria da Instrução Pública, por isso um cargo de confiança. Dos 36 anos que dedicou ao magistério paulista, Theodoro de Moraes dedicou 11 anos às atividades como diretor de dois grupos escolares: G.E. "Coronel Joaquim Sales" (1907/1908) e G. E. "Luís Leite"

14 João Lourenço Rodrigues diplomou-se, em 1890, pela Escola Normal de São Paulo.

15 João Chrysostomo dos Reis Junior diplomou-se, em 1891, pela Escola Normal de São Paulo.

(1921/1928, 1930/1932). Apesar de ser uma face menos visível de sua atuação profissional, é importante destacar, também, seu bom desempenho nesse cargo de responsabilidade.

Em 1908, Theodoro de Moraes regressou à cidade de São Paulo, tendo sido nomeado professor na Escola Modelo Isolada do Largo do Arouche,[16] onde trabalhou por três anos.

> [...] nomearam-me professor da escola-modelo isolada que inaugurei e onde permaneci por espaço de tres anos. Além do meu director de então [1908], dr. Ruy de Paula Souza,[17] tenho para dizerem como me conduzi nesse posto, todos quantos a visitaram naquelle tempo. (Moraes, 1917, p.166)

Em junho de 1908, concomitantemente às atividades de ensino nessa Escola Modelo Isolada, foi nomeado redator efetivo da *Revista de Ensino*, órgão da Associação Beneficente do Professorado Público Paulista,[18] função na qual permaneceu até dezembro de 1909.

Theodoro de Moraes iniciou sua produção de livros didáticos em 1909, com a publicação da cartilha *Meu livro: primeiras leituras...*, quando ainda era professor da Escola Modelo Isolada e continuou escrevendo cartilhas e livros de leitura baseados no método analítico, durante as primeiras décadas do século XX.

---

16 A Escola Modelo Isolada do Largo do Arouche foi "[...] creada por dec. n 1577, de 21 de Janeiro de 1908, installou-se officialmente esta escola no dia 29 de Abril do corrente anno. Tem ella por fim servir de padrão das escolas isoladas do Estado, e está subordinada á directoria da Escola Normal, que a organizou (*Annuario do ensino...*, 1908, p.121).

17 Dr. Rui de Paula Souza foi, em 1929, professor da cadeira de "Francez" no Curso Normal de São Paulo.

18 A Associação Beneficente do Professorado Público de São Paulo foi fundada em 27 de janeiro de 1901 e, como iniciativa desse grupo de professores, foi criada, em 1902, a *Revista de Ensino*, editada até 1918. Essa revista destacou-se como uma instância privilegiada de discussões e debates sobre a instrução pública. Tanto na Diretoria da Associação quanto na Comissão da Redação da *Revista de Ensino*, houve a participação de um grupo representativo de professores normalistas sempre próximos dos órgãos oficiais da instrução pública paulista. A respeito dessa associação e da revista sob sua responsabilidade, ver, especialmente, o trabalho pioneiro de Catani (2003).

Theodoro de Moraes exerceu, também, os cargos de inspetor escolar, inspetor de escola normal livre e inspetor geral do ensino, em diferentes momentos. De acordo com as "Instrucções especiaes para o serviço de inspecção escolar" (1910), entre as funções que os inspetores escolares deveriam desempenhar, destaco:

> 9 – Ao terminar o anno lectivo cada uma destas comissões apresentará ao Director Geral um relatorio sobre o estado do ensino das matérias de que se incumbiu e sobre os serviços feitos.
>
> 10 – Os Inspectores devem nos grupos escolares conferenciar com o director e com os adjunctos sobre assumptos de ensino, indicando-lhes, sempre que houver opportunidade, as boas obras sobre pedagogia e didacta.
>
> 11 – Os Inspectores poderão, si julgarem conveniente, reunir, no 2° período do dia lectivo os adjunctos dos grupos escolares para tratarem de assumptos pedagógicos em geral [...].
>
> 14 – As escolas isoladas da capital e do interior devem ser organizadas de accordo com o typo da Escola Modelo Isolada annexa à Normal.
>
> Em cada grupo, em inspecção ordinária, o Inspector permanecerá 3 dias, nas escolas da sede, ½ dia, e nas de bairro, 1 dia.[...]
>
> 18 – Em todos os grupos e escolas visitadas os inspectores deverão cuidar especialmente dos methodos e processos preconizados pela Directoria Geral.[...]
>
> 24 – Ficam os inspectores com um dia lectivo por mez, em que deverão visitar a Escola Normal e annexas assim como a bibliotheca daquelle estabelecimento, sendo-lhes facultado retirarem livros que poderão conservar em seu poder por 15 dias. (*Annuario do ensino...*, 1910, p.19-20)

Em 1910, afastou-se da Escola Modelo Isolada do Largo do Arouche para assumir o cargo de inspetor escolar, novamente a convite do diretor da Instrução Pública do Estado de São Paulo, dr. Oscar Thompson, tendo ficado responsável por inspecionar a quinta zona composta pelos seguintes municípios: "Sorocaba, Piedade, Pilar, Sarapuhy, Tatuhy, Campo Largo, Porto Feliz, Tieté, Pereiras, Rio Bonito e S. Roque. Capital: Escolas de Villa Cerqueira César, Pinheiros e Butantan" (*Annuario do ensino...*, 1910, p.15-7). Theodoro de Moraes ficou responsável também pela inspeção das matérias "Leitura e linguagem", juntamente com Miguel Carneiro Junior, Theodoro de Moraes, João Pinto e Silva, Mariano de Oliveira.

Em 1912, Theodoro de Moraes foi nomeado professor da 9ª cadeira da Escola Normal Secundária de São Carlos,[19] na cidade de São Carlos (SP).

Em 1915, após três anos de atuação na Escola Normal Secundária de São Carlos, Theodoro de Moraes regressou a São Paulo, tendo sido nomeado professor de uma escola noturna dessa cidade.

> [...] fixando-me de novo, nesta capital, tive nomeação em Julho do anno passado, para uma das escolas nocturnas, que o governo, dias depois, localizou no grupo "Maria José". Ahi estive á testa da regência da minha classe durante os quatro primeiros mezez. Vencendo longo trajecto a pé e com friagem umida daquellas noites de inverno, senti aggravarem-se as manifestações do meu velho artrhitismo [...]. Nesta emergencia", vali-me do que a lei garante e concede – licenciei-me. (Moraes, 1917, p.167)

Em torno desse pedido de licença, houve um desentendimento entre Theodoro de Moraes e o secretário do Interior, Oscar Rodrigues Alves, o qual aplicou uma suspensão de 30 dias a Theodoro de Moraes. Essa discussão veio a público no livro *Sansões...*: no ensino e para o ensino (1917), de Theodoro de Moraes, que não poupou palavras para criticar tanto o diretor geral da Instrução Pública, o dr. João Chrisostomo, quanto o então secretário do Interior.

Theodoro de Moraes regressa a cidade de Amparo e, em 1919, retorna ao grupo escolar "Rangel Pestana", na condição de professor substituto efetivo.

De 15 de janeiro de 1921 a 6 de maio de 1928, Theodoro de Moraes atuou como diretor do Grupo Escolar "Luís Leite", em Amparo (SP), junto ao qual, no primeiro ano de sua gestão, fundou a Biblioteca Infantil "Olavo Bilac", em uma época em que ainda não era comum a

19 "O decreto n.1.998, de 4 de Fevereiro de 1911, creou a Escola Normal Secundaria de S. Carlos, cuja instalação teve lugar no dia 22 de Março do mesmo anno [...]" (Rodrigues, 1930, p.227).

abertura de bibliotecas nas escolas, conforme Razzini (2007). Sobre a sua atuação como diretor nesse grupo escolar, o inspetor de trabalho, Bragança da Silva, atesta:

> Em companhia do inspector districtal, sr. Prof. Oracy Gomes, visitei hoje as 8 classes da secção masculina deste estabelecimento, sob esclarecida direcção do sr. Prof. Theodoro de Moraes, um dos nomes de que se orgulha o magistério paulista.
>
> Dos 181 alumnos matriculados nessas classes estavam presentes 157. Notei muita disciplina, muita ordem e asseio nas classes visitadas. (*Livro de Ponto*, 1925)

Em visita a esse grupo escolar, o inspetor distrital, Oracy Gomes, observou o andamento das aulas de leitura e de desenho, assim como o funcionamento do grupo escolar e assim registrou:

> Assisti hoje a duas aulas de leitura analytica e a uma de desenho do natural, em duas classes diversas de 1° anno. Notei optima orientação.
>
> O grupo continua funccionando com perfeita regularidade. (*Livro de Ponto*, 1925)

Em 1928, Theodoro de Moraes foi nomeado pelo governo do estado de São Paulo para o cargo de inspetor fiscal da Escola Normal Livre anexa ao Colégio N. S. do Amparo, tendo sido o primeiro inspetor dessa escola normal; em 12 de setembro de 1929, foi dispensado dessa função.

Em 1930, foi nomeado, novamente, diretor do Grupo Escolar "Luís Leite", onde permaneceu de 10 de novembro de 1930 a 31 de janeiro de 1932. Como diretor desse grupo escolar, contribuiu financeiramente com a construção da herma, na Praça da República, em 1930, em homenagem a Caetano de Campos.

Em 1930, Theodoro de Moraes foi nomeado também "[...] em commissão, inspector geral do ensino, com a incumbencia de inspeccionar as Escolas Normaes Livres do Estado" (*Educação*, 1930, p.193).

Em 1934, era "[...] Chefe de Serviço da Directoria do Ensino" (*Educação*, 1934, p.155) do estado de São Paulo. Embora com denominações diferentes, presumo que a menção localizada em *Biografia do nosso patrono* (s.d.), refira-se à atuação de Theodoro de Moraes nesse mesmo cargo:

> Suas qualidades foram se aprimorando e se evidenciando a ponto de lhe serem outorgados cargos de alto nível os quais o projetaram na esfera estadual no setor da educação. Pelos seus méritos chegou a ocupar o cargo de assistente técnico e chefe da educação do Estado de São Paulo.

Nesse mesmo ano, Theodoro de Moraes apresentou breve relato de sua trajetória profissional na revista *Educação*, para pedir revisão na contagem dos anos de serviço dedicados ao ensino, para fins de sua aposentadoria, já que ingressou no magistério paulista como professor adjunto em 1898. Não foi possível localizar com exatidão o ano em que conseguiu se aposentar, mas, presumindo que sua aposentadoria tenha ocorrido após 1934, foram mais de 36 anos dedicados por Theodoro de Moraes à educação.

Bibliografia *de* Theodoro de Moraes

Além da atuação em cargos e funções no magistério, a contribuição de Theodoro de Moraes para a educação brasileira também se deve a sua produção escrita, que é representativa de seu esforço em disseminar os princípios da assim denominada "pedagogia moderna", matriz teórica do método analítico para o ensino da leitura.

Theodoro de Moraes participou da elaboração de documentos oficiais, elaborou artigos para periódicos, textos de literatura infantil, livretos, livros, proferiu conferências e palestras, concedeu entrevista, traduziu textos, todos ligados diretamente às questões do ensino e da educação.

Em decorrência de sua experiência como professor e administrador público e das necessidades do momento histórico de cada publicação, Theodoro de Moraes escreveu, também, livros didáticos para o ensino da leitura pelo método analítico para crianças, adolescentes e adultos, face mais visível de sua produção escrita, porém não mais importante que os outros textos.

No instrumento de pesquisa intitulado *Bibliografia* de *e* sobre *Theodoro de Moraes: um instrumento de pesquisa* (Pereira, 2008),[20] encontra-se reunido o total de 382 referências de textos de autoria de Theodoro de Moraes (bibliografia *de*) e de textos de outros autores que tratam da vida e atuação profissional desse professor (bibliografia *sobre*). Nesse total, estão incluídas todas as edições de um mesmo texto, publicados entre 1900 e 2008, respectivamente a data da publicação mais antiga e a mais recente localizadas até o momento.

No que se refere aos textos escritos por Theodoro de Moraes, considerando apenas a edição mais antiga que localizei de um mesmo texto, reuni 39 referências e as ordenei nas seguintes seções e quantidades: artigos em periódicos (10); conferência (1); documentos oficiais (3); entrevista em jornal (1); livreto (1); livros (2); livros didáticos (13); caderno de aritmética (1); cadernos de caligrafia (5); cartilhas (2); livros de leitura (5); palestra (1); textos de literatura infantil (3); e traduções (4).

No Quadro 1, apresento a bibliografia *de* Theodoro de Moraes ordenada de acordo com o tipo de texto e ano de publicação. Nele se pode observar que o texto mais antigo que localizei data de 1900 e o mais recente, de 1945, sem contar as muitas edições das cartilhas e dos livros de leituras para crianças que tiveram circulação nacional, com mais de 1 milhão e duzentos e oito mil exemplares publicados apenas pela Companhia Editora Nacional (SP) (atual Instituto Brasileiro de Edições Pedagógicas – Ibep),[21] tendo sido editadas até o ano de 1956.

A produção escrita de Theodoro de Moraes concentra-se em maior quantidade, de 1909 a 1911, momento de intenso debate em torno das questões do método analítico para o ensino da leitura no estado de São Paulo, com a publicação de artigos, cartilha, cadernos de caligrafia e livro de leitura.

---

20 Esse instrumento de pesquisa está em fase de publicação, por este motivo não o apresentarei neste livro como apêndice.

21 A Ibep foi fundada em 1965, de acordo com as informações localizadas em seu site. Disponível em: <http://www.ibep-nacional.com.br>. Acesso em: 20 jun. 2006.

Quadro 1 – Bibliografia *de* Theodoro de Moraes, por tipo de texto e ano de publicação, entre 1900 e 1945

Ano de publicação	*Tipo de texto*												
	Artigo em periódico	*Cartilha*	*Cadernos de caligrafia e aritmética*	*Conferência*	*Documento oficial*	*Entrevista*	*Livreto*	*Livros*	*Livros de Leitura*	*Palestra*	*Texto de Literatura Infantil*	*Tradução*	*Total por ano*
1900	1	–	–	–	–	–	–	–	–	–	–	–	1
1902	1	–	–	–	–	–	–	–	–	–	1	–	2
1903	–	–	–	–	–	–	–	–	–	–	1	–	1
1904	–	–	–	–	–	–	–	–	–	–	1	–	1
1908	–	–	–	–	1	–	–	–	–	–	–	–	1
1909	1	1	–	–	–	–	1	–	–	–	–	–	3
[1910?]	–	–	6	–	1	–	–	–	1	–	–	–	8
1911	1	–	–	1	1	–	–	1	–	–	–	2	6
1913	1	–	–	–	–	–	–	–	–	–	–	–	1
1916	–	–	–	–	–	1	–	–	–	–	–	–	1
1917	–	–	–	–	–	–	–	1	–	–	–	2	3
1918	–	1	–	–	–	–	–	–	–	–	–	–	1
1928	1	–	–	–	–	–	–	–	3	–	–	–	4
1930	–	–	–	–	–	–	–	–	1	1	–	–	2
1931	2	–	–	–	–	–	–	–	–	–	–	–	2
1932	1	–	–	–	–	–	–	–	–	–	–	–	1
1945	1	–	–	–	–	–	–	–	–	–	–	–	1
Total por tipo de texto	10	2	6	1	3	1	1	2	5	1	3	4	–
Total geral													39

Fonte: Pereira, 2008

No momento dessas publicações, Theodoro de Moraes já era professor da Escola Modelo Isolada do Largo do Arouche (a convite de Oscar Thompson) e fazia parte do corpo editorial[22] da *Revista de Ensino*, ao lado dos professores Augusto Ribeiro de Carvalho, na condição de redator-secretário e dos professores Benedicto Maria Tolosa, Antonio Peixoto, Justiniano Vianna e José A. de Azevedo Antunes, todos na condição de redatores efetivos dessa revista.

Entre os textos de Theodoro de Moraes, destaco os que auxiliaram, mais diretamente, na compreensão de aspectos importantes para os objetivos deste livro.

Mesmo distante da capital paulistana, residindo em Amparo e ali atuando como professor adjunto em dois importantes grupos escolares do interior paulista, Moraes teve publicados três artigos na *Revista de Ensino*, da Associação Beneficente do Professorado Público de São Paulo. São eles: "Orthographia pratica" (1902a), "Leitura analytica" (1909b) e "Comenius"[23] (1911a).

No artigo "Ortographia pratica", Moraes (1902a) tematiza a importância do ensino da ortografia para os alunos do curso preliminar,[24] enfatizando que esse ensino deve ser "[...] todo pratico, preparando-os para bem receber e comprehender o ensino theorico desse ramo da grammatica, nos cursos complementares" (Moraes, 1902a, p.219).

---

22 Todos esses professores que compunham o corpo editorial da *Revista de Ensino* foram diplomados também pela Escola Normal de São Paulo, em anos diferentes: Augusto Ribeiro de Carvalho diplomou-se, em 1893; José A. de Azevedo Antunes diplomou-se, em 1889, Justiniano Vianna diplomou-se, em 1891. Não localizei a data de diplomação do professor Antonio Peixoto.

23 João Amós Comenius (1592-1670) "[...] foi o criador da didática e o fundador ou precursor da intuição como método de ensino" (Luzuriaga, 1960, p.87, tradução minha).

24 "A lei n.88, de 8 de setembro de 1892, reafirmava o preceito do dever do Estado de promover o desenvolvimento da educação criando e mantendo escolas de todos os níveis [...]. O ensino primário compreendendo oito anos de duração foi dividido em dois cursos: o preliminar, obrigatório até os 12 anos de idade destinava-se à formação do cidadão pela aprendizagem da leitura, escrita, cálculo e rudimentos das ciências naturais e sociais, o complementar, também com duração de 4 anos tinha caráter mais completo direcionando-se para a ampliação da cultura geral" (Souza, 2006, p.12).

Moraes recomenda o ensino intuitivo, cujas orientações são de um ensino "do mais simples para o mais complicado" e avança "passo a passo", conforme as recomendações de Pestalozzi.[25] Cita também o "eminente educador patrício nosso", Hilário Ribeiro,[26] cujas recomendações são: "Pratica, exercícios constantes, em vez de fastidiosas e inúteis regras".

> Respeitemos, pois, o judicioso ensinamento daquelle Mestre que, pelos ingentes e salutares esforços, tanto batalha em pról do ensino intuitivo, publicando uma série de admiráveis livros didacticos – preciossimo escrínio onde, com orgulho, vaes haurir proveitosos ensinamentos sobre os mais exactos moldes de ensino. (Moraes, 1902a, p.220)

Além de Hilário Ribeiro, Moraes (1902a, p.222) cita outros autores de livros didáticos brasileiros pautados no ensino moderno:

> Facilmente podemos observar os preceitos acima [sobre a arte de ditar], mormente hoje que dispomos de magníficos livros de leitura, firmados pelos nomes competentes de João Köpke, João Pinto e Silva,[27]

25 Para Pestalozzi, o ensino deveria estar de acordo com o desenvolvimento das leis mentais da criança, que consistiam em: "(1) o conhecimento das coisas pudesse preceder o das palavras; (2) para a aquisição desse conhecimento, o único agente efetivo no primeiro estágio de desenvolvimento mental era os sentidos, principalmente a visão, (3) os primeiros objetos a serem estudados pelas crianças deveriam ser aqueles que estivessem no seu entorno e somente em suas formas e relações simples; e (4) tendo esses objetos como centro, a esfera do conhecimento poderia ser alargada de forma gradual mediante a observação de objetos distantes" (*Cyclopaedia of education*, 1877, p.342 apud Souza 2005, p.22).

26 Segundo Pfromm Neto; Rosaminlha; Dib (1974) e Mortatti (2000a), Hilário Ribeiro publicou, em 1895, a *Cartilha Nacional*, pela Francisco Alves. Nesse mesmo ano, Hilário Ribeiro publicou o *2º, 3º e 4º Livro de Leitura*, e, em 1896, *o 1º Livro de Leitura*.

27 João Pinto e Silva diplomou-se pela Escola Normal de São Paulo, em 1891. Para informações mais detalhadas sobre sua atuação profissional, ver Capítulo 2 deste livro.

> Felisberto de Carvalho, Olavo Bilac,[28] Arnaldo Barreto, Adelina Lopes[29] e de tantos outros paladinos do ensino moderno em nosso paiz.

Por fim, recomenda que os alunos das primeiras classes sejam familiarizados com a ortografia a partir de exercícios graduados,[30] pois "[...] duplo fim podemos conseguir com esses simples exercicios: fazer os alumnos praticarem na orthographia dos vocábulos de uso mais corrente, e exercital-os na formação de proposições, que constituem verdadeiro cabedal par ao ensino da linguagem" (ibidem, p.253).

No artigo "Comenius", Moraes (1911a, p.14) exalta a figura desse educador, pois "[...] foi elle quem primeiro applicou o methodo intuitivo, mostrando que o ensino nas escolas, nessas *officinas da humanidade*, como elle as chamava, deve ser gradual, completo e continuo de modo a favorecer e avigorar a actividade individual do alumno". Segundo Moraes (ibidem, p.15):

> E' este methodo de observação, de experimentação e de inducção que Comenius applica ao ensino elementar. Não há pensamento que se não derive de uma sensação. O conhecimento começa pela percepção sensível. Em vez de os descrever simplesmente, devemos mostrar os próprios objectos aos alumnos. E' por inducção que o entendimento tira das verdades particulares as verdades geraes.

---

28 Olavo Bilac teve publicado *Poesias infantis* (1904). Os poemas contidos nesse livro foram "constantemente reproduzidos nos livros didáticos e recitados na escola, durante várias décadas.", segundo informações localizadas no site do Centro de Referências em Educação "Mário Covas". Em 1910, Olavo Bilac e Manuel Bonfim, publicaram o livro *Atravez do Brazil*, que circulou durante décadas nas escolas primárias brasileiras.

29 Adelina Lopes Vieira teve publicado, em 1886, o livro de leitura *Contos infantis*. Para informações mais detalhadas sobre sua atuação profissional e sobre essa publicação, ver, especialmente, Stanislavski (2001). Trata-se de TCC desenvolvido no âmbito do Gphellb.

30 Segundo Moraes (1902a), estava "[...] em elaboração um modesto livrinho de orthographia pratica, cujo methodo e esforço aqui damos". No entanto, até o momento, não foi possível localizar esse "livrinho".

Durante sua atuação como professor na Escola Normal Secundária de São Carlos, de 1912 a 1914, Theodoro de Moraes teve publicado na revista *Excelsior!*,[31] do Grêmio Normalista Vinte e dois de Março, em 1913, o artigo "Necessitamos de 'classes preparatorias' annexas aos grupos escolares".

Passados alguns anos sem publicar em periódicos, em outra fase de sua atuação profissional no magistério paulista, na condição de administrador e inspetor escolar, Theodoro de Moraes voltou a publicar artigos na revista *Educação*[32] e *Escola Nova*.

Os três artigos de sua autoria publicados na revista *Educação* são: "Escolas Normaes Livres" (Moraes, 1928b); "Santos Dumont" (idem, 1932); "A leitura analítica" (idem, 1945). No artigo "Escola Normaes Livres", Moraes relata ao diretor geral da Instrução Pública, o dr. Amadeus Mendes,[33] como inspetor fiscal da Escola Normal Livre, de Amparo, o funcionamento, ainda inicial, dessa "casa de ensino". No artigo "Santos Dumont" (idem, 1932), Moraes homenageia o aviador brasileiro, Santos Dumont, rememorando sua coragem e sua bela conquista em solo francês. O artigo "A leitura analítica" (idem, 1945) é uma republicação do livreto *A leitura analytica* (idem, 1909a).

Os dois artigos de sua autoria localizados na revista *Escola Nova* são: "No limiar da Escola Nova" e "Traças pedagógicas", ambos publicados em 1931.

Theodoro de Moraes proferiu uma conferência no Grêmio Normalista Itapetininga, intitulada "O que os hábitos valem para o educador" (idem, 1911b), que foi publicada na *Revista de Ensino*. Proferiu também uma palestra intitulada "Cooperação" (idem, 1930) às alunas do Grêmio Normalista da Escola Normal Livre de Amparo, também publicada na revista *Educação*.

---

31 Para informações mais detalhadas sobre essa revista, ver Silva (2006).

32 De acordo com Mello (2007b), a revista *Educação* foi editada no estado de São Paulo com diferentes denominações, em diferentes períodos: *Educação* (1927-1930); *Escola Nova* (out. 1930 a jul. 1931) e *Educação* (ago./set. 1931 a dez. 1932) e *Revista de Educação* (mar. 1933-1943).

33 Amadeus Mendes foi diretor geral da Instrução Pública, em 1929.

Além desses textos, Moraes elaborou documentos oficiais, como autor ou coautor, entre os quais localizei: o parecer intitulado "Livros didacticos" (Cardim; Moraes; Carneiro Júnior, 1908); o documento oficial "*Como ensinar leitura e linguagem nos diversos annos do curso preliminar*" (Carneiro et al., 1911) e o "*Relatório ao Exmo. Sr. Dr. Secretario do Interior*" (Moraes, 1911c).

O parecer "Livros didacticos" foi elaborado pelos professores Carlos Alberto Gomes Cardim,[34] Theodoro Rodrigues de Moraes e Miguel Carneiro Junior,[35] que compunham a comissão incumbida de rever a lista de obras adotadas no curso preliminar, tendo sido publicado no *Annuario do ensino do Estado de São Paulo* (1908). Esse parecer tinha a finalidade de avaliar os livros didáticos, cadernos, mapas e outros materiais de ensino, a fim de recomendar, ou não, sua adoção pela Diretoria Geral da Instrução Pública, para uso nas escolas paulistas.

Para proceder a essa análise, a comissão classificou os livros didáticos em duas seções: os livros de leitura[36] e os compêndios e manuais de ensino (para professores). Essa comissão considerava que a escolha dos livros didáticos era um problema central que podia afetar o progresso do ensino, visto que "[...] os livros de leitura são os mais poderosos auxiliares para o ensino da língua materna [...]" (Cardim; Moraes; Carneiro Júnior, 1908, p.384). Além disso,

> [...] o uso de maus livros não somente prejudica a regular acquisição de conhecimentos e o desenvolvimento intellectual das faculdades da criança,

34 Carlos Alberto Gomes Cardim (1875-1938) diplomou-se pela Escola Normal de São Paulo em 1894 e, em 1925, foi nomeado para sua direção. Em 1908, reorganizou o ensino primário e secundário do estado do Espírito Santo. Presumivelmente em 1910, teve publicada a *Cartilha Infantil pelo methodo analytico*, pela Typ. Augusto Siqueira & Comp, que foi "[...] approvada e adoptada pelos governos dos Estados de S. Paulo e Espírito Santo". A respeito desse educador e dessa cartilha, ver, especialmente, Melo (1954) e Mortatti (2000a).

35 Miguel Carneiro Júnior diplomou-se pela Escola Normal de São Paulo, em 1893. Sobre sua atuação profissional, mais informações no Capítulo 2 deste livro.

36 Os livros didáticos para crianças foram denominados genericamente pela comissão de pareceristas de "livros de leitura"; no entanto, as cartilhas também foram analisadas para ser adotadas nas escolas primárias.

como também lhe imprime á intelligencia uma direcção inconveniente, cujos effeitos, não raro, perduram nos estudos superiores e na definitiva formação de seu espírito. (ibidem, p.384)

No documento oficial *Como ensinar leitura e linguagem...* (1911), expedido pela Diretoria Geral da Instrução Pública, os inspetores escolares Theodoro de Moraes juntamente com João Pinto e Siva, Miguel Carneiro Junior e Mariano de Oliveira defendem, o método analítico para o ensino da leitura. No tópico "*Como ensinar leitura e linguagem nos diversos annos do curso preliminar*" (Carneiro et al., 1911), deste livro, apresentarei os resultados detalhados da análise da configuração textual dessa publicação oficial.

Em 1911, Theodoro de Moraes apresenta ao diretor da Instrução Pública do Estado de São Paulo, Oscar Thompson, seu relatório referente às atividades desenvolvidas no ano de 1910, na condição de inspetor escolar. Nesse relatório, aborda quatro questões consideradas por ele fundamentais para uma organização mais adequada do ensino nas escolas e apresenta as seguintes questões: "[...] podem as matérias do curso preliminar ser desenvolvidas sufficientemente no espaço de 4 annos [...]"?; quais as "causas perturbadoras da disciplina escolar"?; como eram as condições de ensino nas "escolas isoladas"?; e "[...] responderá a uma necessidade do ensino a creação de *classes preparatórias* annexas aos grupos escolares? [...]" (Moraes, 1911c, p.14,17, 26, 29, grifos do autor).

Em 1916, Theodoro de Moraes concedeu uma entrevista[37] ao *Jornal do Commercio* (SP), intitulada "O ensino da leitura pelo método analítico", na qual se referia a uma polêmica conferência proferida pelo professor fluminense João Köpke, para explicar seu modo de processar o ensino da leitura pelo método analítico, o qual diferia do processo adotado pelos professores paulistas. Ex-aluno de Köpke na Escola Neutralidade, Theodoro de Moraes não emitiu opinião sobre o

37 Essa entrevista foi concedida a Manoel Bergström Lourenço Filho, que trabalhava nesse jornal e era ainda pouco conhecido nessa época. Para mais informações a respeito do conteúdo dessa entrevista, ver, especialmente, Mortatti (2000a) e Bertoletti (2006).

processo apresentado pelo professor João Köpke, apenas se posicionou a favor do método analítico:

> – Minha maneira de encarar o assumpto é conhecida. Abracei o methodo analytico, e, creio, é o melhor de todos os que se applicam no ensino da leitura. As variedades de processo pouco importam. Desde que lecionei na "escola modelo" isolada, até hoje, os resultados que tenho colhido são os melhores possiveis.
>
> – Conhecemos sua cartilha "Meu livro"...
>
> – Que não é perfeita. É preciso que a gente ponha do lado a vaidade propria, e, quando em erro, se confesse desviado do caminho certo...
>
> – Eu fui apenas um desbravador do terreno. Tudo melhora com as correcções que a observação póde ensinar. Por isso vou examinar attentamente as cartilhas do nosso mestre, e ensaial-as na pratica. (Moraes apud Mortatti, 2000a, p.120)

Em 1909, teve publicado o livreto *A leitura analytica,*[38] pela Typ. do Diário Official, em que critica o método da soletração e silabação e defende o uso do método analítico. No tópico "*A leitura analytica* (1909a)" deste livro, apresentarei os resultados detalhados da análise da configuração textual dessa publicação.

Em 1911, teve publicado, pela Typographia do Diário Official, o livro *Festa das aves: prosa e verso,* uma coletânea expedida pela Diretoria Geral da Instrução Pública e organizada, em conjunto, com os inspetores escolares Arnaldo Barreto e Ramon Roca Dordal.[39]

Em 1917, Moraes teve publicado o livro *Sansões...: no ensino e para o ensino*, pela Editora Pocai (SP), com o qual foi candidato à Sociedade Paulista de Auctores.[40] Como já informei, esse livro apresenta duras crí-

---

38 Presumivelmente, esse artigo foi extraído do folheto *A leitura analytica* (1909a), de Theodoro de Moraes e publicação oficial da Diretoria Geral da Instrução Pública, tendo sido divulgada nessa revista apenas a primeira parte do artigo.

39 Ramon Roca Dordal diplomou-se, em 1888, pela Escola Normal de São Paulo e escreveu *Pequenas leituras: livro para as classes primarias*, em 1913, publicada pela Francisco Alves. A respeito desse educador, ver, especialmente, Mortatti (2000a).

40 Informação extraída de Moraes (1917). Até o momento, não localizei outras informações a respeito dessa Sociedade.

ticas à administração de João Chrysostomo Bueno dos Reis Júnior, na condição de diretor geral da Instrução Pública, no período compreendido entre 1911 e 1917, e ao secretário do Interior, Oscar Rodrigues Alves. O conteúdo dessas críticas não é apenas em relação aos aspectos administrativos, mas, principalmente, em relação aos pressupostos teóricos que fundamentavam suas ações no ensino primário paulista.

No Capítulo 3 – "Muita parra e pouca uva" – desse livro, mais especificamente no tópico intitulado "Que idéia faz S. Ex.a de methodos e processos?", Moraes (1917) questiona as concepções de método de ensino para a leitura apresentadas pelo diretor geral da Instrução Pública, João Chrysostomo Bueno dos Reis, uma vez que, segundo suas orientações no *Annuario do ensino...* de 1911-1912, a leitura aos analfabetos deveria ser feita pelo método analítico nos grupos escolares e pela palavração nas escolas isoladas. Para Moraes, essa orientação parecia contraditória, uma vez que rompia com a almejada uniformidade. Entretanto, Moraes (1917, p.20) considera que o diretor geral havia se "[...] esquecido dos rudimentos de methodologia [...]", tendo-se expressado inadequadamente e explicita o que compreende por leitura e métodos para seu ensino:

> A leitura é um meio a que levo o alumno com uma *ordem de marcha* ou *orientação*. Esta é o *methodo* que, em todo o curso primario, ha de ser analytico, ha de descer do todo para as partes. O todo, a unidade que a analyse fragmenta, pode ser a sentença, a palavra ou a syllaba.
>
> [...] O processo é que varia e o methodo é sempre o mesmo. Podemos processar o methodo analytico por tres processos: o da sentenciação, o da palavração e o da syllabação. Porque sentença, palavra e syllaba são unidades que a analyse decompõe. São tres *caminhos* abertos no mesmo campo do methodo analytico. E si prefiro o primeiro (*processo de sentenciação*) aos dous ultimos, é porque, quando encaminho o meu alumno, escolho quanto posso a estrada larga, direita e nivelada, fugindo ás ladeiras escarpas, ás veredas e picadas, aos trancos e barrancos. (ibidem, p.21, grifo do autor)

Além desses, escreveu livros didáticos: cartilha para o ensino inicial da leitura às crianças; cartilha para o ensino da leitura a adolescentes e adultos; livros de leitura para crianças; livro de leitura para adultos; cadernos de caligrafia e caderno de aritmética.

A cartilha *Meu livro: primeiras leituras*... (1909), o livro de leitura *Meu livro: segundas leituras*... (1910?) foram publicados, inicialmente, pela Typ. Augusto Siqueira & C, e posteriormente pela Companhia Editora Nacional. Passadas quase duas décadas, Moraes volta a escrever livros didáticos para crianças com a sua série graduada de livros de leituras, publicada pela Companhia Editora Nacional: *Sei lêr: leituras intermediárias* (1928a); *Sei lêr: primeiro livro de leitura* (1928); *Sei lêr: segundo livro de leitura* (1930). No Capítulo 3 deste livro, "O método analítico, por Theodoro de Moraes: concretizações", apresentarei os resultados detalhados da análise da configuração textual desses livros didáticos.

Para o ensino da leitura a adolescentes e adultos, Theodoro de Moraes escreveu dois livros didáticos: *Cartilha do operário* (1918) e *Leituras do operário* (1928c).

Cartilha do operário: para o ensino da leitura, pela processuação do methodo analytico, aos adolescentes e adultos foi publicada pela primeira vez, em 1918, pela Typographia Augusto Siqueira, tendo sido o oitavo volume da Coleção Caetano de Campos.[41] Passados dez anos[42] da publicação da 1ª edição dessa cartilha, Moraes publica o livro *Leituras do operário: para escolas profissionaes, lyceus e cursos nocturnos*. Assim como a cartilha, esse livro destinava-se ao ensino da leitura para adolescentes e adultos pelo método analítico e foi publicado pela primeira vez, em 1928, pela Typographia Siqueira, tendo sido o volume 9 da Coleção Caetano de Campos.

Para o ensino da escrita, Moraes teve publicados cadernos de caligrafia, conforme a solicitação de Oscar Thompson ao secretário do Interior, pedindo parecer favorável para a aprovação e adoção dos cadernos de caligrafia de Theodoro de Moraes nas escolas primárias:

41 Sobre essa coleção, não foi possível localizar informações pontuais, até o momento.

42 Qual o motivo de tão espaçado tempo para a publicação do livro de leitura, já que era continuidade da cartilha e pertencia à mesma coleção e à mesma editora? Essas dúvidas foram suscitadas ao longo da pesquisa, mas como esses dois livros didáticos não eram então objetos específicos de análise, deixei-as apenas como indicação para fecundas investigações futuras.

> Os cadernos do professor Theodoro de Moraes, professor da Escola Isolada Modelo, annexa á Escola Normal, vazados na didactica americana, estão destinados a fazer uma revulução no ensino de callegraphia e auxiliar a reforma que modestamente foi iniciada nas escolas-modelo. Sou, pois, de parecer que sejam os mesmos approvados. (*Annuario do ensino...*, 1910, p.11)

Atendendo à solicitação do diretor geral Oscar Thompson,[43] os cadernos de caligrafia vertical, de Theodoro de Moraes foram aprovados para o ensino da caligrafia nas escolas públicas paulistas:

> Na reforma de methodos e processos de ensino que introduzimos nas escolas-modelo annexas á Normal, foi experimentada, a titulo de ensaio, a adopção da calligraphia vertical. Até aquella época a calligraphia ensinada, chamada impropriamente de americana, era inclinada conforme facilmente se verifica em os cadernos calligraphia do dr. Lane[44] e de Arnaldo Barreto. *O ensaio da calligraphia vertical, feito na escola modelo isolada, de accôrdo com a didacta americana em cujas escolas públicas só se ensina calligraphia vertical, despertou pelos bons resultados, a attenção do professorado publico, e produziu tantos admiradores que há grupos e escolas isoladas onde já se exercita aquella espécie de calligraphia.* De todos os systemas de

43 Nesse mesmo parecer, Thompson cita os cadernos de caligrafia do professor Horace Lane e de Arnaldo de Oliveira Barreto, vazadas na caligrafia vertical, e mesmo assim solicita ao secretário do Interior a aprovação dos cadernos de Theodoro de Moraes. Por que os cadernos de caligrafia de Theodoro de Moraes eram considerados, por Oscar Thompson, "revolucionários" para o ensino da caligrafia vertical? Qual o motivo para insistente recomendação? Qual a originalidade desses cadernos de caligrafia? Quanto tempo esses cadernos de caligrafia circularam nas escolas primárias brasileiras? Essas dúvidas foram suscitadas ao longo da pesquisa, mas como esses cadernos de caligrafia não eram então objetos específicos de análise da pesquisa de mestrado, deixei-as apenas como indicação para fecundas investigações que poderão ser exploradas futuramente.

44 "Horace Manley Lane (1837-1912) veio para o Brasil pela primeira vez em 1859. Foi comerciante, médico e notável educador. Convidado pelo Rev. Chamberlain, assumiu em 1885 a direção da Escola Americana. Foi o fundador e primeiro presidente do Mackenzie College. Cooperou na reforma do sistema educacional do Estado de São Paulo." Informações extraídas de: <http://www.mackenzie.br/fileadmin/Editora/Revista_Mackenzie/pdfs/m33/pg48a50.pdf>. Acesso em: 15 dez. 2008.

> calligraphia é o mais legível, rápido, hygienico e esthetico, satisfazendo assim plenamente todos os requisitos de uma boa calligraphia. *Os cadernos do professor Theodoro de Moraes, professor da Escola Isolada Modelo, annexa á Escola Normal, vazados na didacta americana, estão destinados a fazer uma revulução (sic) no ensino de callegraphia e auxiliar a reforma que modestamente foi iniciada nas escolas-modelo.* (ibidem, grifos meus)

Possivelmente, há, nessa situação, disputas entre os "antigos" cadernos *versus* os "novos e revolucionários" do professor Theodoro de Moraes, que estavam de acordo com a reforma dos métodos e processos de ensino iniciada na gestão Thompson. Independentemente dessas disputas, o professor Theodoro de Moraes contribuiu efetivamente com essa reforma dos métodos, na condição de professor da Escola Modelo que, inicialmente, os experimentou, praticou e por fim os concretizou, contribuindo, assim, para a formação do ensino da caligrafia de diferentes gerações de professores e crianças no estado de São Paulo.

Mortatti (2000a, p.136) considera que, no "Segundo momento" da história da alfabetização, a escrita ainda era compreendida como auxiliar da leitura e dela decorrente, "entendida como caligrafia e cópia", e seu ensino envolvia "[...] discussões respaldadas em teoria sobre os movimentos musculares requeridos e o tipo de letra manuscrita a ser utilizado: inclinada ou vertical".

Conforme informações da quarta capa da cartilha *Meu livro: primeira leituras...*, os cinco cadernos de *Calligraphia vertical*, de Theodoro de Moraes foram publicados pela Typ Augusto e Siqueira & C., na "Collecção brazileira de 5 cadernos".[45] Os editores destacam as vantagens da utilização da caligrafia vertical:

> [...] a hygiene da escripta que permite a posição normal do corpo, a legibilidade que permite o dominio rapido do manuscripto, a simplicidade que permite serem as lettras traçadas com desembaraço, a similhança com os caracteres de imprensa o que permitte a leitura simultanea da lettra de forma e manuscripta e o methodo adoptado na organização destes cadernos que permitte, desde os primeiros passos, a escripta alliar-se á linguagem. (Moraes, 1920)

45 Também sobre essa coleção, não foi possível localizar informações, até o momento.

Para o ensino da matemática no curso primário, Moraes escreveu *Minhas taboadas: aritmética elementar*, destinada aos alunos do quarto ano do curso primário. Essas informações foram encontradas na quarta capa de algumas cartilhas e livros de leitura, de Moraes, porém não foi possível, até o momento, localizar nenhum exemplar desse livro didático.

Moraes escreveu três textos para a Seção "Literatura infantil" da *Revista de Ensino*, intitulados: "O velho mestre: ao professor Arnaldo Barreto" (1902b); "História de um grillo" (1903) e "O 'João de Barro' e o tuim" (1904).

Moraes traduziu dois artigos publicados na *Revista de Ensino*, intitulados "Methodos de ensino" (1911) e "O conceito de leitura (1911)".[46] No entanto, não há nenhuma menção ao nome dos autores desses dois artigos traduzidos por Moraes.

O artigo "Methodos de ensino" foi publicado na Seção "Methodologia applicada", da *Revista de Ensino*. O fato de Theodoro de Moraes ter traduzido esse artigo permite inferir que ele fazia parte das leituras e estudos de Moraes, o qual concordava com as opções conceituais do autor, e resolveu divulgar as ideias nele presentes para todo o professorado público paulista ou aceitar convite da editora para fazê-lo.

Segundo o autor do artigo, do ponto de vista "[...] *pedagógico, o methodo é o plano ordenado que segue o professor no ensino, quando transmite os conhecimentos aos seus alumnos ou quando faz que estes os descubram por si mesmos*" (*Methodos de ensino*, 1911, p.25, grifos do autor). Para ele, há três tipos de métodos de ensino: indutivo, dedutivo e método misto ou geral.

Theodoro de Moraes também traduziu dois livros: *Palestras pedagógicas*, de Willian James,[47] e *Lições de cousas*, de Edward Sheldon,[48] am-

46 Embora tenha localizado a referência completa desse artigo, até o momento, não o localizei fisicamente.

47 O filósofo e psicólogo americano, Wiliam James, concentrou-se na compreensão e explicação das unidades básicas do pensamento: atenção, hábito e sentimento de racionalidade.

48 O americano Edward Sheldon foi um dos precursores da introdução das lições de coisas nos programas de ensino das escolas primárias nos Estados Unidos, no período compreendido entre 1860 e 1880, segundo Souza (2005, p.23).

bos[49] publicados, em 1917, pela Typ Augusto Siqueira & C. Até o momento, não foi possível localizar nenhum exemplar desses dois livros. Sobre *Lições de cousas*, de Sheldon localizei as seguintes informações:

> Auxiliar do mestre, composto segundo um plano a que se allia a clareza e a ordem, dividido em lições progressivas para o fim de se dar desenvolvimento harmônico e natural ás faculdades da criança, offerece este livro, já preparados, os esboços de 218 lições distribuídas por 5 séries (22 da 1ª; 28 da 2ª; 35 da 3ª; 39 da 4ª e 94 da 5ª), que abrangem os objectos do mundo material mais apropriados para servirem de exercício gradual á intelligencia da infancia. (Moraes, 1920)

Após esse período, Moraes publicou poucos artigos e sem muita frequência, mas, em 1917, retomou suas publicações, em especial com a tradução de livros, pois era um estudioso de diferentes idiomas. Essas constatações não vêm apenas das informações de artigos e livros traduzidos por ele, mas também pelos diversos textos que escreveu, nos quais, com uma recorrência muito grande, citava trechos em inglês e francês. Além disso, Moraes "[...] aprimorou sua cultura, buscando no estudo de civilizações e de idiomas como o Japonês, o inglês, o alemão e o grego os subsídios para a criação de um novo método de ensino" (*Biografia do nosso patrono*, s.d.).

Ainda em 1917, Oscar Thompson iniciou seu segundo mandado como diretor geral da Instrução Pública, e no relatório apresentado ao secretário do Interior, no *Annuario do ensino...* (1917, p.7-8), apresentou as seguintes informações:

> O atual Annuario aparece com uma feição inteiramente diversa das anteriores. A nossa inspiração é fazer escola nova. [...] Escola Nova, para

---

49 Em que momento da formação de Theodoro de Moraes ele teve contato com esses autores e livros? Qual a influência desses livros na produção escrita de Theodoro de Moraes e em sua fundamentação teórica para o ensino da leitura pelo método analítico? Essas dúvidas foram suscitadas ao longo da pesquisa, mas como esses dois livros não eram então objetos específicos de análise na pesquisa de mestrado, deixei-as apenas como indicação para fecundas investigações que poderão ser exploradas futuramente.

> nós, é a formação do homem, sob o ponto de vista intelectual, sentimental e volitivo; é o desenvolvimento integral desse trinômio psíquico; é o estudo individual de cada aluno; é, também, o ensino individual de cada um deles, muito embora em classes, é a adaptação do programa a cada tipo de educando; é a verificação das lacunas do professor pelas sabatinas e exames; é o emprego de processos especiais para a correção das deficiências mentais; é a educação física e a educação profissional, caminhando, paralelamente, com o desenvolvimento mental da criança; é a preparação para a vida prática; é a transformação do ambiente escolar num perene campo de experiência social; a escola de intensa vida cívica, do cultivo da iniciativa individual, do estudo vocacional, da difusão dos preceitos de higiene, e, dos ensinamentos da puericultura; é em suma, a escola brasileira, no meio brasileiro, com um só lábaro: – formar brasileiros, orgulhosos de sua terra e de sua gente.

Como se pode observar, é um momento de intensa discussão em torno dos novos ideais para o ensino, a questão da alfabetização não deixou de ser central, ao contrário, intensificou-se ainda mais e de outras perspectivas, como a importância das escolas profissionais e sua expansão no estado de São Paulo.

Coincidentemente ou não, Theodoro de Moraes teve publicado, em 1918, ainda durante o mandato de Oscar Thompson, a *Cartilha do operário*. Num país onde imperavam altos índices de analfabetismo e num momento histórico em que prevaleciam as discussões sobre as formas de erradicação dele, Moraes se preocupa, pioneiramente, com o ensino da leitura pelo método analítico aos adolescentes e adultos.

São possíveis duas suposições indicativas dessa preocupação de Theodoro de Moraes com esse ensino: ele foi professor da escola noturna, em 1915, e por ter constatado as condições precárias nesse nível de ensino, em especial, no ensino da leitura, decidiu contribuir para melhorar tais condições com uma cartilha analítica ou, ainda, Oscar Thompson, pautado na confiança e na competência do professor Theodoro de Moraes, como professor e divulgador do método analítico para o ensino da leitura, tenha encomendado essa cartilha, nos moldes de *Meu livro (1909)* (Pereira, 2006a), já que esta cartilha tivera enorme aceitação nas escolas brasileiras primárias.

Após a publicação da *Cartilha do operário*, em 1918, Moraes fica sem publicar durante dez anos.[50] Em 1928, publica dois livros didáticos para o ensino da leitura pelo método analítico, e outro, em 1930, e encerra sua produção escrita em 1932, próximo ao início do período de sua aposentadoria. Após um intervalo de 13 anos, em 1945, na revista *Educação*, foi republicado um artigo de Theodoro de Moraes, publicado originalmente em 1909.

Bibliografia *sobre* Theodoro de Moraes

Comparativamente ao que apresentei no tópico anterior, a produção escrita *sobre* Theodoro de Moraes é escassa. No instrumento de pesquisa, no que se refere à produção escrita *sobre* Theodoro de Moraes, foram reunidas 84 referências de textos que tratam especialmente de aspectos da vida e produção escrita de Theodoro de Moraes, bem como referências de texto em que apenas são mencionados aspectos da vida desse professor, de sua atuação profissional ou de sua produção escrita.

No que se refere aos textos *sobre* Theodoro de Moraes, considerando apenas a edição mais antiga que localizei de um mesmo texto, ordenei as referências em duas seções: estudos pontuais sobre Theodoro de Moraes e sua produção escrita (2); e textos contendo menções a esse professor ou citações de textos seus (82), sendo: textos completos em anais de evento (13); artigos de periódicos (26); documentos oficiais (8); jornais (4); livros (14); livros didáticos (1) e teses, dissertações e TCCs (16).

De acordo com os dados apresentados no Quadro 2, grande quantidade de publicações concentra-se nas três primeiras décadas do século XX, momento de intensa discussão sobre as questões do método de ensino e, a partir do ano de 2003, provavelmente em decorrência da

50 Qual o motivo da ausência de publicações de Moraes? Será que suas funções como diretor do Grupo Escolar "Luís Leite", nesse mesmo período, impediram-no de dedicar-se a sua produção escrita? Ou durante esse tempo Moraes elaborou os três livros didáticos que vieram a ser publicados, em 1928 e 1930? Esses questionamentos foram suscitados ao longo da pesquisa, mas como não eram então objeto central da análise, deixei-os apenas como indicação para fecundas investigações futuras.

Quadro 2 – Bibliografia *sobre* Theodoro de Moraes, por tipo de texto e ano de publicação, entre 1899 e 2008

Tipo de texto / *Ano de publicação*	*Em textos completos em anais de evento*	*Em artigos de periódicos*	*Em documentos oficiais*	*Em jornais*	*Em livros*	*Em livros didáticos*	*Em teses, disser-tações, TCCs*	*Total por ano*
1899	–	–	–	3	–	–	–	3
1910	–	–	1	–	–	–	–	1
1913	–	1	–	–	–	–	–	1
1916	–	1	–	–	–	–	–	1
1918	–	3	2	–	–	–	–	3
1924	–	1	–	–	–	–	–	1
1925	–	–	1	–	–	–	–	–
1926	–	–	1	–	–	1	–	2
1929		3	–	–	1	–	–	4
1930	–	3	–	–	–	–	–	3
1933	–	1	–	–	–	–	–	1
1934	–	2	–	–	–	–	–	2
1935	–	1	–	–	–	–	–	1
1937	–	1	1	–	–	–	–	2
1939	–	1	–	–	–	–	–	1
1944	–	3	–	–	–	–	–	3
1945	–	1	–	–	–	–	–	1
1946	–	–	–	–	1	–	–	1
1974	–	–	–	–	1	–	–	1
1988	–	–	–	–	1	–	–	1

Tipo de texto / *Ano de publicação*	*Em textos completos em anais de evento*	*Em artigos de periódicos*	*Em documentos oficiais*	*Em jornais*	*Em livros*	*Em livros didáticos*	*Em teses, disser-tações, TCCs*	*Total por ano*
1997	–	–	–	–	1	–	2	3
1998	–	1	–	–	–	–	–	1
1999	–	1	–	–	1	–	–	2
2000	–	–	–	–	1	–	2	3
2001		–	–	–	–	–	1	1
2002	–	–	–	–	–	–	–	–
2003	–	–	–	1	3	–	2	6
2004	–	–	–	–	–	–	–	–
2005	1	–	–	–	–	–	–	1
2006	5	–	–	–	2	–	4	11
2007	5	1	–	–	–	–	4	10
2008	2	1	–	–	2	–	–	5
Total por tipo de texto	13	26	8	4	14	1	16	–
Total geral								84

Fonte: Pereira, 2008

expansão de pesquisas que abordam historicamente a alfabetização, em especial, as que tematizam os diferentes tipos de livro didático. Outro aspecto a ser observado é a diferença de quantidade entre os tipos de texto; há um número elevado de textos publicados em periódicos, em relação às teses, dissertações e TCCs. Antes de 2000, localizei poucas publicações, e, a partir de 2006, essas publicações intensificaram-se consideravelmente.

Entre os textos referenciados no instrumento de pesquisa, destaco apenas os que considerei mais relevantes e que mostram importantes aspectos da atuação profissional de Theodoro de Moraes e de sua produção escrita.

Localizei apenas dois estudos acadêmicos pontuais *sobre* Theodoro de Moraes: a dissertação de mestrado de Barboza (2006), intitulada *Cartilha do Operário: alfabetização de adolescentes e adultos* em São Paulo (1920-1930), e meu Trabalho de Conclusão de Curso (Pereira, 2006a), intitulado *Um estudo sobre* Meu livro *(1909), de Theodoro de Moraes*.

Barboza (2006) apresenta os resultados de pesquisa histórica sobre alfabetização e da educação de adolescentes e adultos no Brasil, mediante a análise de um exemplar da 2ª edição, de 1924, da *Cartilha do operário*, de Theodoro de Moraes, e outras fontes documentais. Com o objetivo de compreender a educação de adolescentes e adultos, na Primeira República brasileira (1889-1930), a autora apresenta: aspectos sobre o contexto histórico educacional; aspectos sobre a educação de adolescentes e adultos; aspectos sobre o autor da cartilha analisada; e análise dos aspectos materiais da cartilha em questão.

Comparando essa dissertação de Barboza (2006) e meu TCC (Pereira, 2006a) constato que são especificamente dois os aspectos desses textos que dialogam entre si: a apresentação de Theodoro de Moraes e a análise de *Cartilha do operário*.

No capítulo em que apresenta Theodoro de Moraes, Barboza cita também a produção escrita *de* Theodoro de Moraes, incluindo a cartilha *Meu livro: primeiras leituras...* No capítulo posterior, analisa os aspectos materiais da *Cartilha do operário* bem como aspectos de seu conteúdo e forma. Mediante a análise apresentada pela autora, pode-se perceber que há muitas semelhanças entre a *Cartilha do operário* e

Meu livro: primeiras leituras..., tais como: a falta de delimitação entre as lições, a forma de sua organização, as estampas, os exercícios e, até mesmo, as instruções aos professores ao final da cartilha.

Barboza (2006) conclui que sua pesquisa apresenta contribuições significativas tanto para a história da educação de adolescentes e adultos, como para a história da alfabetização no Brasil, pois rompe com a ideia de que essa história começou apenas com as campanhas de alfabetização e por "[...] abordar a constituição do campo de conhecimento construído sobre a alfabetização de adolescentes e adultos a partir da análise de uma cartilha" (ibidem, p.181), que foi considerada por ela como "[...] representativa de uma prática que se queria instaurar dos ideários pedagógicos vigentes, bem como das práticas editoriais postas em circulação" (ibidem).

Em meu TCC (Pereira, 2006a), como mencionei na introdução deste livro, analisei a configuração textual da cartilha *Meu livro: primeiras leituras...*, que consistiu em enfocar os aspectos constitutivos de seu sentido: necessidades e finalidades a que respondia, características do autor e dos leitores a quem se destinava, condições históricas e sociais de sua produção e aspectos temático-conteudísticos e estruturais-formais. Constatei que a cartilha analisada se apresenta como uma das primeiras concretizações da proposta de aplicação prática do método analítico para o ensino inicial da leitura, defendido por educadores e administradores escolares paulistas e tornado oficial para as escolas primárias do estado de São Paulo, entre o final do século XIX e o início do século XX.

Além desses dois estudos pontuais, entre os textos que apenas mencionam algum aspecto da vida e da atuação profissional de Theodoro de Moraes e de sua produção escrita, destaco aqueles que trazem uma contribuição significativa para os objetivos deste texto.

Mortatti (2000a) em *Os sentidos da alfabetização* (São Paulo/1876-1994), menciona 24 vezes a atuação ou a produção escrita do professor Theodoro de Moraes, nos diferentes momentos da história da alfabetização em São Paulo. Além de citar alguns textos de Theodoro de Moraes, a autora descreve brevemente a cartilha *Meu livro: primeiras leituras...* e também descreve brevemente o livreto *A leitura analytica* (1909a).

No Capítulo 2 desse livro, no tópico intitulado "Cartilhas analíticas e profissionalização dos escritores", Mortatti (2000a, p.201) faz uma breve descrição de 11 cartilhas produzidas no "2º momento" da história da alfabetização no Brasil, entre as quais está *Meu livro* (1909), de Theodoro de Moraes. No Capítulo 3, no tópico "Cartilhas", a autora ressalta que:

> Embora também sejam muitas as cartilhas produzidas por professores paulistas, sobretudo a partir de 1930, continuam a circular no estado de São Paulo algumas cartilhas produzidas no final do século passado e nas primeiras décadas deste século, conforme se pode observar pelo número de suas edições, em listagens contidas em catálogos de editoras [...].

Essa autora confirma essas informações apresentando duas cartas do professor Pedro Voss,[51] então diretor geral da Instrução Pública Paulista, datadas de 1925 e 1926, respectivamente, nas quais Voss solicita "[...] autorização para aquisição de 'obras didacticas, necessarias ao *stock* do Almoxarifado desta directoria' (Voss, 1925) ao que tudo indica, para serem doadas aos alunos pobres das escolas públicas." (Voss apud Mortatti, 2000a, p.201). Entre as obras didáticas solicitadas, destaco a cartilha *Meu livro* e um dos cadernos de caligrafia vertical de Theodoro de Moraes:

Na *Poliantéia comemorativa do 1º centenário da Escola Normal de São Paulo*, o professor Almeida Júnior[52] (In: Rocco, 1946) publicou um artigo intitulado "A escola normal e sua evolução", comentando sobre a origem do método analítico.

> Tecnica que fez celeuma foi o método analítico para ensinar a ler. Importou-a dos Estados Unidos o diretor da Escola Normal, Oscar Thompson, e confiou a sua adaptação a *Teodoro de Morais, mestre de prol, regente da escola modelo isolada* (Largo do Arouche). Desta peque-

51 Pedro Voss diplomou-se, em 1892, pela Escola Normal de São Paulo e foi diretor geral da Instrução Pública entre o ano de 1924 e 1927.

52 Antonio A. P. de Almeida Júnior diplomou-se, em 1886, pela Escola Normal de São Paulo.

> nina escola, em cuja secção feminina lecionava Lavinia Barbosa, moça também habilíssima, partiu, pois, pelo exemplo, pela doutrinação e até pela Cartilha a orientação inicial para a processuação de um método que desde logo grangeou a simpatia dos professores novos, e que representou, como ainda representa, notável economia de tempo no ensino da leitura. Na escola do largo do Arouche, na escola modelo, e, a seguir, nos melhores grupos escolares da Capital, os estudantes normalistas de São Paulo puderam, assim, tomar contacto (geralmente, simples contacto) com uma das tecnicas mais importantes de sua carreira. O treino inicial, esse ficava para depois da formatura, por "ensaios e erros". (Almeida Júnior, 1946, p.16, grifo meu)

Em 1913, a *Revista de Ensino* (n.2) publicou um artigo intitulado "A musica e o canto coral, seu ensino pelo methodo analytico", extraído do jornal *O Commercio de S. Paulo*, em que é mencionada a atuação do professor Theodoro de Moraes como autor da primeira cartilha analítica brasileira:

> Em 1907, fundou-se no largo do Arouche, a Escola Modelo isolada e o director da Escola Normal resolveu fazer um ensaio decisivo. O professor *Theodoro de Moraes*, encarregado da secção masculina, publica, sob o título de *Meu livro, a primeira cartilha, verdadeiramente nacional vasada nos moldes do methodo analytico*. (*O Commercio de S. Paulo*, 1913, p.35, grifos meus)

Essa cartilha foi publicada a partir de um plano adotado por Oscar Thompson e já praticado pelo professor Theodoro de Moraes na Escola Modelo Isolada do Largo do Arouche, na cidade de São Paulo, visto que atendia a necessidades de auxiliar os professores na utilização do método analítico para o ensino inicial da leitura no âmbito do momento histórico em que foi elaborada, conforme enuncia Oscar Thompson.

> [...] Attendendo á necessidade da organização de uma cartilha, accomodando o methodo analytico ás exigencias da lingua portugueza, o professor Theodoro de Moraes acaba de publicar as primeiras leituras de accordo com o referido methodo, realizando fielmente as condiçoes exigidas para o

> ensino racional da leitura aos analphabetos. Esse trabalho, que se intitula "Meu livro", é baseado no plano que adoptei e que tem sido posto em pratica com pleno sucesso por aquelle professor na Escola Modelo Isolada annexa á Normal e por alguns grupos desta Capital. Em vista do que acabo de expor, venho solicitar que o trabalho "Meu livro" do referido professor seja approvado pelo Governo e adoptado nas escolas publicas do Estado. (*Annuario do ensino...*, 1910, p.10)

Inicialmente, a cartilha *Meu livro (1909)* foi tida como o melhor modelo processado do ensino da leitura pelo método analítico, tendo sido utilizada por muitos professores do ensino primário:

> Nos primeiros tempos, fazíamos seguida, com toda a fidelidade, a única cartilha analytica existente – O *Meu Livro* – da lavra do prof. Theod. de Moraes, pois, a pouca pratica do processo não nos permitia qualquer iniciativa em sua aplicação. (Tolosa, 1930, p.290, grifos do autor)

No "Relatorio geral" apresentado ao secretário do Interior, Oscar Rodrigues Alves, (*Annuario do ensino...*, 1918), a comissão designada para avaliar os livros didáticos a serem adotados nas escolas primárias, composta por Américo Moura,[53] Antonio Sampaio Doria[54] e Plinio Barreto,[55] adotou um "padrão de livro didatico", pautado em três requisitos: "[...] a boa linguagem, a propriedade do assumpto, e o methodo de exposição que o anime" (ibidem, p.143). Para essa comissão um bom autor de livro didático era aquele que fosse professor e autor, ou seja, um "autor pedagogico":

---

53 Américo B. Antunes de Moura diplomou-se, em 1903, pela Escola Normal de São Paulo.

54 Antonio Sampaio Dória (1883-1964) diplomou-se pela Escola Normal da Praça da República, em 1914, e, em 1920, foi nomeado diretor geral da Instrução Pública Paulista, cargo que ocupou até 1926. Foi responsável pela reforma do ensino público paulista (Decreto 1750/1920) e pôs fim à obrigatoriedade do uso do método analítico para o ensino da leitura, proporcionado aos professores a "autonomia didática". Informações mais detalhadas sobre esse autor e sua atuação profissional se encontram, especialmente, em Carvalho (1999); Mortatti (2000a); Medeiros (2005).

55 Até o momento não foi possível localizar mais informações sobre a formação e atuação profissional de Plinio Barreto.

> [...] ser mestre na palavra e mestre na sciencia da criança. Não basta ter lidado a vida inteira com a escola primaria, para que adquira qualidades de escriptor. Não basta por outro lado, ser literato, para merecer as honras de autor didático. Nem só pedagogo, nem só conhecedor da língua. Mas escriptor e psychologo. Associae, num só homem, a mestria da palavra e a posse das leis de evolução mental, e tendes gerado a capacidade de autor pedagogico. (ibidem, p.144)

O assunto dos livros didáticos deveria ser compreensível pelas crianças e formadores de sua mentalidade e de seu caráter; e os seus aspectos didáticos eram avaliados de acordo com o método escolhido, que deveria ser processado:

> [...] do concreto para o abstracto, dos factos individuaes para as generalidades do attributo, das cousas conhecidas para o desconhecio e novo, que, então o discipulo assimila, filia, e systematiza com o que já sabe, já aprendeu, já se lhe estructurou no cérebro, e se incorporou no espírito. Só desta forma, a leitura é útil, e o autor do livro se pode gabar de ter methodo didático. (ibidem, p.147)

A comissão elaborou uma lista com a relação de livros didáticos que, apesar das deficiências, parecia-lhe preferíveis; entre eles está a cartilha de Theodoro de Moraes:

> 1º – Para a aprendizagem da leitura, o "Meu Livro" de Theodoro de Moraes, "Cartilha Infantil" de Gomes Cardim, "Cartilha Analytico-synthetica" de Mariano de Oliveira. (ibidem, p.152)

O professor Plinio Barreto ficou encarregado da avaliação da linguagem nos livros didáticos e destacou apenas algumas incorreções apresentadas no livro de leitura *Meu livro* (ibidem, p.167).

O professor Américo Antunes de Moura, responsável pela avaliação dos métodos empregados nos livros didáticos, considerava que "[...] as cartilhas de processuação mais declaradamente analytica" (ibidem, p.152) são as dos professores Carlos Alberto Cardim, Theodoro de Moraes e Mariano de Oliveira:

Nº 47. Theodoro de Moraes, *Meu Livro* – Embora seja chronologicamente a nossa primeira cartilha analytica, ainda não foi supplantada pelas suas congêneres. Cabem-lhe, porém mais ou menos as mesmas observações que fizemos á antecedente. Summariando o meu juízo, considero preferíveis as cartilhas de Theodoro de Moraes, Cardim e Mariano, apesar dos defeitos que apresentam e que poderão ser corrigidos em futuras edições. Para a acquisição e domínio de *sight-words*, não obstante o que ficou dito, indiscutivelmente são essas as melhores, no ponto de vista do methodo. (ibidem, p.179-80)

No prefácio de *Cartilha Proença* (1926), o professor Antonio Firmino de Proença, reconhece a importância de outras cartilhas anteriores ou contemporâneas a sua época, entre os quais Theodoro de Moraes:

Não tivemos a pretensão de fazer obra original. Depois dos *bellissimos trabalhos de Theodoro de Moraes*, Mariano de Oliveira, Arnaldo Barreto, Benedicto Tolosa,[56] Gomes Cardim[57] e, só para citar os mais conhecidos do professorado paulista, tentar originalidade neste domínio seria pretensão estulta. A obra não original, mas temos certeza de que será útil. (Proença apud Gazoli, 2007, p.46, grifo meu)

No artigo "Livros didáticos", Máximo Moura Santos[58] expõe sua preocupação em relação à qualidade dos livros didáticos utilizados no ensino primário e atesta que, ainda em 1933, as questões de método para o ensino da leitura eram alvo de interesse:

Em escolas públicas não se concebe cartilha que não seja pelo método analítico, excetuando-se, evidentemente, escolas eventualmente regidas por leigos que, em sua maioria absoluta, só poderão apresentar serviços úteis ensinando pela silabação. [...] O método analítico, inovação no ensino paulista do ex-director Oscar Thompson, *com a cooperação brilhante de*

56 Benedicto Maria Tolosa diplomou-se, em 1891, pela Escola Normal de São Paulo.

57 Francisco F. Mendes Vianna diplomou-se, em 1898, pela Escola Normal de São Paulo.

58 Até o momento, não localizei informações sobre a atuação profissional de Máximo Moura Santos.

> *Teodoro de Morais, autor da primeira cartilha analítica*, é hoje um método indiscutido, e um grande método. (Santos, 1933, p.55, grifo meu)

No artigo "O livro 'Sei ler',[59] A. X. de Moraes (1935, p.227) considera que há poucos livros bons "[...] nos nossos desmantelados estabelecimentos de ensino [...]" e que "[...] ha um livro novo, adoptado officialmente, que tem um pouco de materia aproveitavel a par de outros trechos ruins. E' o livro 'Sei ler', de Theodoro de Moraes" (ibidem, p.227).

No artigo "Afranio Peixoto e Edmondo de Amicis",[60] Luiz Gonzaga Fleury[61] argumenta contra a concepção de Afranio Peixoto de que "O homem professor primario, [...] é uma aberração como é o capão de pintos [...]" (Afrânio Peixoto apud Fleury, 1937, p.16) e para isso cita nomes de importantes professores:

> Frequentaram escolas de formação de professores primário, aqui em S. Paulo, não poucos homens que exerceram ou exercem altos cargos, não só no magistério primario, secundario ou superior, como na politica ou na administração. Entre outros, ocorrem-nos de momento os seguintes: Oscar Thompson, José Feliciano de Oliveira, Luiz de Toledo Piza Sobrinho, Sud Menucci, Ernesto Leme, *Theodoro de Moraes*, João Toledo, Gabriel Prestes, José Escobar, J.J. Cardoso de Mello Netto, Lino Moraes Leme, Pedro Toledo, Gomes Cardim, Roldão Lopes de Barros, Francisco Azzi, Almeida Júnior, Lourenço Filho, João Lourenço Rodrigues, Antonio Firmino de Proença, Arnaldo Barreto, João Chrysostomo, Pedro Voss, etc., etc. (ibidem, p.15-6, grifo meu)

59 Esse artigo foi publicado na *Revista de Educação* (v.9, mar. 1935), extraído de *O Planalto, Floresta dos Leões, Pernambuco*. Até o momento, não foi possível localizar informações sobre o autor desse artigo.

60 Esse artigo foi publicado na *Revista de Educação*, n.17 e 18, v.17 e 18, mar.-jun. 1937.

61 Luiz Gonzaga Fleury diplomou-se, em 1910, pela Escola Normal de São Paulo e foi "Chefe do Serviço de Educação Primaria da Directoria do Ensino", segundo informações extraídas da *Revista de Educação* (1937).

Para demonstrar a importância dos professores primários, Fleury continua argumentando:

> Os 21 delegados regionaes do ensino de S. Paulo são todos professores primarios. Professores primarios são os chefes de serviço da Directoria do Ensino e os 100 inspectores escolares do Estado. Professores primarios são muitos dos directores das escolas secundarias. E ha professores primarios no jornalismo, na Academia Paulista de Letras ou com obras premiadas pela Academia Paulista de Letras. (ibidem, p.16)

No artigo "O ensino da leitura: o método analítico e a cartilha",[62] Grisi[63] (1945, p.40, grifo meu) considera que:

> b – As cartilhas analíticas – de sentenciação ou palavração – constam de historietas ou textos de frases completas, acrescidos, em rodapé, de algumas palavras, sílabas e letras, avulsamente apresentadas, à guisa de exercícios de sistematização e verificação do aprendizado. Ainda que grande número de cartilhas traga, na capa, o rótulo de deste método, a verdade é que o grupo de cartilhas analíticas propriamente ditas é bem reduzido. Nesse grupo podem incluir-se, como as mais representativas, *o "Meu Livro" de Teodoro de Morais*, a "Cartilha Infantil" de C. A. Gomes Cardim e a "Nova Cartilha" de Mariano de Oliveira. Esta última traz, não se sabe bem o por quê, o rótulo de analítico-sintética.

No artigo "Como ensinar a ler pelo método analítico",[64] Pastor (1944, p.95, grifo meu)[65] comenta que:

> Examinando-se, hoje, as cartilhas aprovadas que andam por aí, baseadas no método analítico, seria difícil reconhecer, na hibridação da

62 Esse artigo foi publicado na revista *Educação*, v.32, jul.-dez.1944.

63 Rafael Grisi foi "Professor-chefe da 1a secção – Educação – da Escola Normal Livre anexa ao Colégio Santa Inês, de São Paulo", segundo informações extraídas da revista *Educação* (1945). A respeito da atuação desse educador, ver, especialmente, Mortatti (2001).

64 Esse artigo foi publicado na revista *Educação*, n.46-7, v.33, jan.-jun. de 1945.

65 Raimundo Pastor foi "Técnico de Ensino com funções de Diretor de Grupo escolar", informações extraídas da revista *Educação* (1945).

maioria delas, *o racional método analítico ensinado por Teodóro de Morais* e Arnaldo Oliveira Barreto.

No artigo "O ensino da leitura pelo methodo analytico",[66] Köpke (1945, p.117, grifo meu) considera a existência de:

> [...] livrinhos inteligentes escritos por dedicados, ardorosos, e competentes mestres, que, honrando o magisterio nacional, compensam pelo seu devotamento à causa entregue às suas mãos, os esforços deste grande Estado em prol da elevação do ensino pelo aperfeiçoamento dos seus metodos e processos didáticos. Refiro-me, como o tereis entrevisto, à "Cartilha analítica" e ao *"Meu Livro"*, dos professores "Arnaldo Barreto e *Teodoro de Moraes*", assim como ao trabalho do professor Cardim.

Pfromm Neto (1974, p.162) cita, no Capítulo intitulado "Introdução das 'Cartilhas Analíticas'", que, entre as inúmeras cartilhas baseadas no método analítico da sentenciação ou palavração, escritas no período de 1910 a 1930, "A primeira foi a cartilha de Theodoro de Moraes, *Meu livro (Método Analítico)*".

No Capítulo "Cartilhas de ensino da leitura e escola primária em Mato Grosso no início do século XX", Amâncio (2003) menciona o professor Theodoro de Moraes e a cartilha *Meu livro*, afirmando que, entre os títulos de cartilhas mais utilizadas no Mato Grosso, nas primeiras décadas do século XX, encontra-se essa cartilha.

Amâncio ainda apresenta um quadro com a relação desses mesmos títulos, em ordem decrescente da frequência com que são citados nas listas dos almoxarifados, no período de 1912 a 1932. A cartilha *Meu livro* é citada oito vezes, nos anos de 1921 a 1927, e volta a ser citada no ano de 1932. Amâncio (2003, p.69) afirma ainda que:

> [...] as cartilhas de alfabetização mais usadas no estado de Mato Grosso também faziam parte do rol de cartilhas adotadas no estado de São Paulo e, provavelmente, em muitos outros estados deste país. Muitas dessas cartilhas são de autoria de educadores paulistas, formados pela Escola Normal de São Paulo [...].

66 Esse artigo foi publicado na revista *Educação*, n.46-7, v.33, jan.-jun. de 1945.

Entre os títulos das cartilhas apresentadas nessa relação, está o da cartilha *Meu livro,* de Theodoro de Moraes.

Como se pode constatar, Theodoro de Moraes exerceu diferentes cargos no magistério paulista no período compreendido entre 1898 e 1934, tendo sido: professor do curso primário; professor de escola normal secundária; diretor de grupos escolares; inspetor escolar; inspetor fiscal de escola normal livre; inspetor geral de ensino; e chefe de serviço da diretoria do ensino do estado de São Paulo.

Ao longo de sua carreira no magistério paulista, Theodoro de Moraes participou de diferentes redes de relações sociais, que, em certa medida, influenciaram sua formação intelectual e, por sua vez, sua atuação profissional.

Como inspetor escolar, em 1910, teve como colegas de trabalho: René Barreto, Aristides de Macedo, José Carneiro, José Monteiro Boanova, José Narciso de Camargo Couto, Mariano de Oliveira, dr. João Chrysostomo B. dos Reis, Domingos de Paula e Silva, Miguel Carneiro Junior, Ramon Roca Dordal, Antonio Morato de Carvalho, João Francisco Pinto e Silva, Benedicto Candido Corte Brilho e Carlos Gallet. Na Escola Normal Secundária de São Carlos conviveu com o colega Juvenal de Azevedo Penteado e João Lourenço Rodrigues.

No Grupo Escolar "Luís Leite" e no Grupo Escolar "Rangel Pestana", Theodoro de Moraes teve como colegas de trabalho: João Francisco Pinto e Silva, Aristides Epifhanio de Macedo, Antonio Vilella Júnior, Clemente Quaglio e Amadeu Mendes.

Em 1902, antes mesmo de seu ingresso como aluno na Escola Normal Secundária de São Paulo, Theodoro de Moraes teve publicados dois artigos na *Revista de Ensino*. Na condição de normalista, Theodoro de Moraes teve publicados, também, dois artigos.

De 1902 a 1904, momento de publicação dos primeiros artigos de Moraes nesse periódico, faziam parte do corpo editorial[67] da *Revista*

67 Todos esses professores que compunham o corpo editorial da *Revista de Ensino* foram diplomados pela Escola Normal de São Paulo, em anos diferentes; Joaquim Luiz de Brito diplomou-se em 1882; Alfredo Bresser da Silveira diplomou-se em 1890; Emílio Mario Arantes diplomou-se em 1881. Não repeti aqui os nomes de professores que mencionei anteriormente.

de Ensino: na condição de redator chefe, o professor Arnaldo de Oliveira Barreto; na condição de redator secretário, o professor Romão Puiggari; e, na condição de redatores efetivos, os professores Joaquim Luiz de Brito, João Pinto e Silva, João Lourenço Rodrigues, Alfredo Bresser da Silveira, Emílio Mario Arantes, Ramon Roca Dordal e João Chrysostomo Reis Junior.

Independentemente das influências que seus colegas de profissão possam ter exercido para apresentar o jovem normalista no âmbito da educação pública, nesse momento histórico publicar artigos na *Revista de Ensino* significava ter suas ideias divulgadas num periódico oficial de ampla repercussão entre o professorado paulista e de outros estados do país, um começo de carreira no mínimo promissor.

Devo destacar que durante mais de três décadas de atuação profissional, o aspecto mais evidente e contundente pelo qual Theodoro de Moraes é sempre lembrado é o da publicação da cartilha *Meu livro: primeiras leituras*..., considerada, por seus contemporâneos e por educadores de gerações posteriores, a "primeira cartilha analítica brasileira".

As menções aos outros livros didáticos para crianças escritos por Theodoro de Moraes foram, em geral, localizadas apenas nas listas de livros aprovadas pela Diretoria da Instrução Pública.

Outro aspecto observado é que os contemporâneos de Theodoro de Moraes sempre se referiam a sua figura com adjetivos elogiosos como "dedicado", "ardoroso", "competente mestre", "mestre prol", evidenciando assim o compromisso primeiro desse professor com a eficiência do ensino em todos os níveis e funções nos quais atuou ao longo de sua carreira no magistério paulista, que, ao que tudo indica, esteve muito além de seu compromisso em defesa do método analítico, estando afinado com as necessidades e urgências de seu tempo.

Também como se pode constatar, apesar da profícua atuação profissional e produção escrita, apesar das contribuições de tema para a educação no Brasil, ainda é escassa a produção acadêmica sobre aspectos de sua vida e atuação profissional.

2
O MÉTODO ANALÍTICO, POR THEODORO DE MORAES: TEMATIZAÇÃO E NORMATIZAÇÃO

A leitura analytica (1909a)

Embora o método analítico já estivesse sendo instaurado em meados de 1890 no estado de São Paulo, a partir das primeiras reformas da instrução pública, e experimentado na Escola Normal de São Paulo, mediante as orientações de *Miss* Browne e D. Maria Guilhermina Loureiro de Andrade e utilização de algumas concretizações práticas em livros de leitura, foi durante a gestão de Oscar Thompson como diretor da Escola Normal de São Paulo e como diretor geral da Instrução Pública, nos anos iniciais do século XX, que esse método foi realmente "institucionalizado" nas escolas primárias paulistas, de acordo com Mortatti (2000a).

Theodoro de Moraes teve uma participação efetiva nesse processo de sistematização teórica do método analítico com a publicação do livreto *A leitura analytica* (1909a). Nesse livreto, tem-se uma importante síntese das ideias e práticas defendidas por seu autor, relativamente ao método analítico para o ensino da leitura, que, de certa forma, aproximam-se das concepções propugnadas por Oscar Thompson.

O livreto *A leitura analytica*, de Moraes (1909a), teve ampla circulação no estado de São Paulo, com repercussão além de seu momento histórico em que foi publicado pela primeira vez.

Em 1909, foi publicado pela Typ. do Diário Official (do estado de São Paulo), o que permite inferir que teve circulação oficial, visto que essa tipografia imprimia documentos oficiais para a Diretoria Geral da Instrução Pública Paulista. Em março desse mesmo ano, como já informei, o Capítulo 1 de *A leitura analytica* foi publicado na *Revista de Ensino* (anno 8, n.1, p.17-20), sob o título "Leitura analytica". Em 1913, a Typ. Siqueira, Nagel & Comp. (SP) republica o livreto, com apenas atualizações ortográficas e gramaticais, de acordo com a ortografia oficial do momento da publicação. Em 1945, a revista *Educação* republica esse texto na íntegra, na Seção "Metodologia" (Moraes, 1945, p.174-200), também apenas com atualização ortográfica.

A leitura analytica era destinado aos professores primários paulistas, o que pode ser confirmado pela "marca" de leitura deixada no exemplar que analisei, um carimbo apresentado na parte superior da página 4, com as letras legíveis "Hygino Rolim – Professor preliminar – São José do Rio Pardo" (Moraes, 1920). Além desse indício, o leitor previsto pode também ser confirmado pela publicação do texto, sob a forma de artigo, nas duas importantes revistas pedagógicas paulistas, a *Revista de Ensino* e a *Educação*, destinadas ao professorado paulista. Pode-se inferir, também, que o livreto *A leitura analytica* destinava-se também a normalistas, diretores de escolas primárias e autores de cartilhas e livros de leitura pelo método analítico.

Conforme se pode observar, o exemplar analisado foi publicado, em 1909, pela "Typ. Do 'Diário Official'" (SP) e tem o formato de livreto, com 34 páginas. O texto *A leitura analytica* (1909a) está subdividido em três tópicos seguidos da conclusão.

Nesse texto, Moraes (1909a) recorre a citações de palavras e frases em inglês e francês, sem traduzi-las na maioria das vezes, apenas indicando, em notas de rodapé (19 no total), o livro de onde foram extraídas.

No Quadro 3, apresento os nomes dos autores e os títulos dos livros citados em epígrafes e notas de rodapé, de acordo com a ordem de ocorrência no livreto, acompanhadas da quantidade de ocorrências.

Quadro 3 – Autores e títulos dos livros citados em *A leitura analytica* (1909a), de Theodoro de Moraes

Autor	*Livro*	*Quantidade*
Arnaldo de Oliveira Barreto	*Cartilha analytica*	1
Pascal	Penseés	2
Francis Parker	*Talks on teaching*	4
João De Deus	Cartilha Maternal"	2
Miss Sarah Arnold	Learning to read	3
Buffon	Discours sur le style	1
John P. Prince	Courses and Methods	1
Sarah Brooks	Primary Reading	1
Amy Algeo	Primary Reading	2
Rocha Pombo	O grande Problema	1
Montaigne	Essais – L.I	1
Boileau	L'art poetique – Chant I	2
Silva Jardim	Reforma do ensino da língua materna	1
E. Renan	Souvenirs d'enfance et de jeunesse	1
Camões	Lusíadas – IV e XCIV	1
João Köpke	*A leitura analítica*	1
Total		*25*

Como se pode observar no Quadro 3, Theodoro de Moraes cita nesse livreto quatro autores brasileiros, cinco norte-americanos, cinco franceses e dois portugueses. Ele recorre inúmeras vezes a autores norte-americanos, a fim de propiciar fundamentação teórica, para a utilização do método analítico, com base nos princípios da pedagogia moderna. Não é por acaso que Moraes cita autores como *Miss* Sarah Arnold e Francis Parker. Este último em especial, visto que, nas décadas de 1870 e 1880, tornou-se difusor das ideias de Pestalozzi e de Froebel nos Estados Unidos, envolvendo-se no movimento de renovação do currículo e dos métodos de ensino naquele país.

No Capítulo 1, são apresentadas duas epígrafes. A primeira é extraída da *Cartilha analytica* (1909a), de Arnaldo Barreto, em que esse educador paulista considera que aquele que para ensinar não recorrer aos processos "[...] mais de acordo com as leis do espírito [...]", não merece ser chamado de professor; e a segunda, escrita em francês, é extraída do livro *Pensées* (1670), do filósofo francês Pascal.[1]

1 "[...] há luz suficiente para aqueles que desejam ver, e falta de claridade o bastante para aqueles que têm uma disposição contrária" (Barreto apud Moraes, 1909, p.3).

Nesse capítulo, Moraes (1909a, p.3) discorre sobre a dificuldade da instauração do método analítico para o ensino da leitura no espaço escolar, que se vinha prolongando "de longa data", apesar das campanhas incansáveis feitas por aqueles que ocuparam "[...] logares de honra na primeira linha do professorado". Ressalta, porém, que aquele que tem o mínimo conhecimento sobre esse assunto e o "bom desejo" de ensinar a ler com o "espírito lógico" e com a colaboração do aluno conhece as vantagens do método analítico.

De acordo com Francis Parker,[2] ler é pensar por meio de palavras escritas e impressas dispostas em sentenças. Segundo Moraes (ibidem, p.4), "[...] esta verdade feriu de morte a soletração e a syllabação como pontos de partida para o apprendizado da leitura", visto que esses dois processos, característicos dos métodos de marcha sintética, "mutilam a alma do ensino", que é o entendimento do que se aprende, e reduzem o aluno à posição de "[...] repetidor gaguejante [...] de miudezas abstratas" (ibidem), provocando-lhe um imenso desgosto pela leitura. As ideias divulgadas por Parker tiveram grande repercussão também no Brasil, seja pelo livro *Talks on teaching* recorrentemente citado por Moraes ou, ainda, pelas *Palestras sobre o ensino* (1909), proferidas por Parker e organizadas, em livro, pelos professores Arnaldo de Oliveira Barreto e José Stott. Nessas palestras, Parker apresenta os princípios do método analítico para o ensino da leitura, muitos semelhantes aos apresentados por Moraes; no entanto, Parker considera que o ensino da leitura deve ser iniciado pela palavra e não pela sentença, como defende Moraes.

Pautando-se na explicação da *Miss* Sarah Arnold,[3] de que a criança necessita de um ensino que considere seu passado para que haja interesse, Moraes (1909a, p.5) conclui que, havendo compreensão, virá o

2 Francis Parker "[...] promoveu a aprendizagem cooperativa, democracia e a devoção à liberdade nas escolas públicas, no final do século XIX" (Torres; Alcântara; Irala, 2004 p.11).

3 A explicação a que Theodoro de Moraes se refere, encontra-se na *Cartilha de Arnold*, a qual, segundo Mortatti (2000a, p.127) foi criticada por Oscar Thompson por causa de problemas de tradução; por esse motivo, Thompson solicita a adoção da cartilha *Meu livro*, de Theodoro de Moraes.

interesse e a simpatia, o sentimento, enfim: "[...] haverá pensamentos entendidos, isto é, haverá a leitura".

Essa explicação questiona diretamente o ensino da leitura pelo método sintético, que, para o entendimento da criança, assemelha-se a uma "[...] muralha chineza das letras e sílabas [...]" e, pelo "[...] monótono psitacismo de silabas inexpressivas e senteças anti-melódicas, percucientes, ingratas ao ouvido e ao entendimento [...]" (ibidem, p.6), apaga nelas o interesse e o prazer da leitura.

Como exemplo de lentidão com que algumas ideias se desenvolvem, Moraes recorda que, em 1884, 25 anos, portanto, antes da data de publicação desse livreto, o professor Antonio da Silva Jardim defendia que a palavração era o único processo racional do ensino da leitura. A despeito dessa lentidão, Moraes conclui que o número de adeptos do método analítico se ia fortalecendo tanto no estado de São Paulo, quanto no estado de Minas Gerais, no qual, depois de uma reforma radical, lançou-se "[...] a sementeira das bôas idéas" (ibidem, p.7).

De acordo com o Decreto n.2416, de fevereiro de 1909, as escolas públicas do estado de São Paulo deveriam iniciar o ensino da leitura pela palavra. No entanto, Moraes alerta para as diferentes realidades entre a adoção oficial e a prática efetiva do método analítico e adverte para os perigos de sua introdução se os professores não estiverem adequadamente orientados.

Moraes (ibidem, p.7) elogia a forma de adoção cautelosa desse método nas escolas paulistas, a fim de evitar o fracasso de sua processologia, que considera "[...] facil e ao alcance da bôa vontade de quem a empregar", quanto a coragem dos professores que apoiavam a iniciativa do dr. Oscar Thompson, "[...] fiel e experimentado propugnador do método analítico [...]" (ibidem), de introduzir definitivamente esse método de ensino da leitura nas escolas paulistas.

Conclui esse primeiro capítulo, ressaltando que a *Cartilha Maternal* foi, para ele, na evolução do ensino, "[...] a aurora, os acórdes de uma harmonia ainda distante [...]"; e tão mais será o método analítico "[...] um hino soberbo – o da redenção intelectual da criança no aprendizado da leitura!" (ibidem, p.8).

No Capítulo 2, Moraes (ibidem) apresenta como epígrafe uma frase extraída de *Courses and Methods*, de John P. Prince, já vertida para o português, que traz a diferenciação entre ler e ler em voz alta.

Nesse capítulo, Moraes busca fundamentação em textos das autoras norte-americanas Sarah Brooks[4] e Amy Algeo,[5] para afirmar que a criança se expressa com maior facilidade em sentenças. Por isso, a tarefa do professor, nas primeiras semanas de aulas, deve ser a sistematização da conversação, por meio de "palestras" que lhe despertem o interesse, por meio de objetos ou estampas, estimulando respostas completas por parte dos alunos.

Ao se questionar sobre quais palavras se deveriam empregar no início do ensino da leitura, Moraes cita um trecho do documento *Reforma do ensino da lingua materna* (1884), de Antonio da Silva Jardim, o qual aponta três fases percorridas na "arte da leitura": "ficticia" (soletração), "transitoria" (sillabação) e definitiva (palavração). Silva Jardim propõe o ensino da leitura pela palavração, "[...] *partindo da mais fácil para a mais difícil, da simples para a composta*" (Silva Jardim apud Moraes, 1909a, p.11, grifos do autor). Moraes (ibidem) ressalta, porém, que, embora tenha preocupação semelhante, seu critério de escolha de por onde iniciar o ensino da leitura difere do de Silva Jardim; esse ensino deve ser iniciado não por palavras, mas por pensamentos, já que são eles que expressam coisas, fatos, cenas e ações que despertem o interesse da criança. Diferentemente do método analítico proposto por Silva Jardim, o de Moraes inicia o ensino da leitura pelas sentenças, ou melhor, pelo conjunto de sentenças ou historietas, nisto seu método avança em relação aos que o antecederam.

Segundo Moraes, tanto a psicologia quanto a fisiologia consideravam mais adequado o ensino inicial da leitura por meio de sentenças como "Paulo tem um tambor" em oposição a sentenças como "o vovô viu o viúvo" (ibidem, p.12). Para fundamentar essa proposição, Moraes cita um artigo do professor francês Ludwig Laqueur, transcrito

4 Sarah Brooks foi inspetora das escolas primárias de St. Paul, Minnesota, EUA (Köpke, 1945, p.125).

5 Até o momento, não foi possível localizar informações sobre essa autora.

no jornal *O Estado de S. Paulo*, em que explica que a percepção das palavras está ligada à forma das letras que as compõem; se na palavra não houver nenhuma letra com saliência para cima ou para baixo, a leitura se torna mais difícil para a criança.

Em seguida, Moraes (ibidem, p.13) explica detalhadamente e com transcrições de exemplos, a processação do método analítico, "[...] segundo os conselhos de autoridades no assumpto [...]" para o bom êxito do ensino da leitura.

No "1º Passo", Moraes enfatiza a importância da realização de palestras com os alunos sobre o texto das 12 primeiras lições, atividade que deve ocupar no mínimo as duas primeiras semanas de aula. Essas palestras devem ser ilustradas com objetos ou estampas de tamanho suficiente para serem vistas por todos.

O professor deve manter uma linguagem simples na conversação e conduzir a criança a formar sentenças completas em suas respostas. Exemplifica como deve ser dirigida essa palestra, por meio da lição de *Cartilha de Arnold*, de Sarah Arnold. Moraes considera que nessas palestras o aluno, como "interlocutor" e "observador" adquire ideias por intuições "porque *vê para entender*" (ibidem, p.15, grifo do autor).

No "2º Passo", Moraes considera que, após o exercício da formação oral de sentenças, o aluno está apto a iniciar as suas primeiras lições de leitura, que devem ser dadas exclusivamente no quadro negro, "[...] campo de acção do mestre [...]", segundo João Köpke (apud Moraes, ibidem, p.16). Portanto, o livro não deverá jamais ser entregue antes de o aluno conseguir reconhecer as sentenças escritas no quadro negro, pois causaria embaraço e confusão.

Fundamentado nas ideias de Francis Parker, Moraes reafirma as vantagens do quadro negro em relação ao livro. O professor deve escrever as sentenças no quadro negro, a fim de que os alunos, por esse "acto de associação",[6] as dominem e as reconheçam num "[...] golpe de vista (*sight-sentence*)" (ibidem, p.17).

---

6 "A creança vê o objecto, e quando ouve nomeal-o, a idéia que lhe produziu aquelle e o respectivo nome se lhe relacionam immediatamente no espírito por um acto mental chamado associação" (Parker apud Barreto; Stott, 1909, p.16).

Moraes exemplifica a forma com que o professor deve utilizar o quadro negro: escrever a sentença, alterando a ordem das palavras, se necessário repetir as que ainda não foram compreendidas, apagá-las e escrevê-las novamente e, por fim, dispor as palavras da sentença em colunas, para o domínio efetivo por parte dos alunos da classe.

Após a leitura das lições no quadro negro, o aluno começará a reconhecer de "golpe de vista" as palavras. Moraes considera que a fragmentação da sentença em palavras é um começo de análise, o "[...] unico supportavel pelo espirito da criança nesta phase inicial da leitura" (ibidem, p.20). No entanto, como recomenda Sarah Arnold, as preposições, conjunções, interjeições e os artigos devem permanecer ligados aos nomes ou verbos a que estejam associados na sentença.

Moraes ainda reúne oito exercícios (da letra "a" até "f") do tipo *sight-word*, por considerá-los importantes para manter o interesse do aluno. Em seguida, recomenda que o professor organize lições retrospectivas com as sentenças estudadas anteriormente na cartilha.

No "3º Passo", propõe a entrega da cartilha, que deve ser feita com "caracter festivo", para que a criança guarde esse memorável dia.

Após as lições, o professor deve obedecer ao mesmo roteiro proposto: toda nova lição será ensinada primeiramente no quadro negro, para posteriormente ser lida "no livro". O professor deve incentivar que os alunos façam primeiramente a leitura silenciosa de cada lição para, em seguida, proceder à leitura oral.

Moraes encerra esse capítulo com a reprodução de quatro conselhos de Parker para manter vivo o gosto da criança pela leitura:

> 1) – De começo, ensinae as palavras pouco a pouco.
>
> 2) – Intercalae as palavras conhecidas em muitas sentenças differentes.
>
> 3) – Escrevei sentenças curtas e, na sua estructura, fazei ligeiras mudanças, substituindo uma palavra de cada vez, de modo que as crianças não sintam o mais leve embaraço em domina-las.
>
> 4) – Dae-lhes tempo e esperae com paciência até que ellas tenham se apoderado do pensamento. Sède indulgentes e consagrae de coração o melhor de vossa paciencia ás de intelligencia mais rebelde. (ibidem, p.26)

No Capítulo 3, a epígrafe[7] selecionada é extraída do livro *Talks on teaching*, de Francis Parker. Nesse capítulo, Moraes apresenta algumas considerações sobre o momento mais adequado para o trabalho de análise no ensino da leitura e, mais uma vez, concorda com os "pedagogistas norte-americanos" de que se deve "[...] afastar do período inicial da leitura qualquer tentativa de analyse como extemporânea e dispersiva" (ibidem, p.27). Para ele, o propósito essencial nessa fase de ensino é "[...] dar ao alumno o habito da leitura, é adestra-lo na acquisição de pensamentos [...]" (ibidem). Ao final desse capítulo, Moraes (ibidem, p.30) acrescenta que "[...] deve o alumno começar, desde logo, o mais cedo possível, os seus primeiros exercícios de linguagem escripta".

Na "Conclusão", é apresentada uma epígrafe em francês extraída de *Pensées*, de Pascal. Moraes conclui o texto ressaltando os resultados do ensino da leitura pelo método analítico que "[...] são antes mediatos que immediatos" (ibidem, p.33). E para preencher as lacunas dos conceitos por ele apresentados mediante sua "[...] simples exposição [...] ", rememora as palavras de João Köpke, seu "[...] mestre insigne [...]" e também defensor do método analítico para o ensino da leitura:

> [...] abandonei o processo synthetico de resultados apparentes *mais promptos e mais procurados*, portanto, contra o conselho da economia, e adopto e aconselho o analytico, *mais trabalhoso*, para o mestre, e *mais tardo na fructificação, que agrada ao interessado*. (Köpke apud Moraes, ibidem, p.34, grifo do autor)

A busca pela cientificidade no ensino da leitura

Outro aspecto a ser destacado é a repercussão do livreto *A leitura analytica* para além de seu momento histórico de publicação. Em 1945, após 36 anos decorridos de sua 1ª edição, em um momento histórico

7 "A palavra deve ser aprendida como um todo, e qualquer tentativa de iniciar a análise da palavra retarda o ensino. A luta para analisar uma nova palavra, ou construí-la a partir de partes absorve a atenção, o que impede o ato de associação" (Moraes, 1909a, p.25, tradução minha).

em que a questão dos métodos para o ensino da leitura havia deixado de ser central, a revista *Educação* republica nesse número artigos de professores que tematizaram o método analítico, como os artigos de João Köpke e Theodoro de Moraes.

Por que Oscar Thompson, institucionalizador do método analítico nas escolas primárias do estado de São Paulo, não é citado nesse número da revista *Educação*? E por que Theodoro de Moraes, espécie de "*ghost writer*" de Oscar Thompson, permanece na memória ao lado de Köpke? Será que, ao longo de sua trajetória no magistério paulista, Theodoro de Moraes foi ganhando autonomia em relação ao "apadrinhamento" de Oscar Thompson conquistando sua "luz" própria?

Dos sete artigos publicados nessa seção desse número[8] da revista *Educação*, seis tratam do ensino da leitura pelo método analítico.

É importante destacar ainda que o título desse livreto "dialoga" com a conferência[9] proferida pelo professor fluminense João Köpke, em 1896. Afinal, qual a relação do livreto *A leitura analytica* (1909a) de Moraes e a conferência de mesmo título, proferida pelo professor João Köpke, nas dependências da Escola Normal de São Paulo, 13 anos antes dessa publicação? Qual a semelhança ou diferença nas propostas de ensino da leitura pelo método analítico entre esses dois professores?

Na conferência de 1896, Köpke expõe, sistematicamente, os princípios e as bases teóricas que nortearam seu modo de processar o método analítico para o ensino da leitura, conforme sua experiência prática como professor primário. Nessa conferência, Köpke defende sua opção, dissidente da dos paulistas, de processar o método analítico, a partir do conto e não da sentença ou da historieta, assim como

8 Qual o motivo de, em 1945, o corpo editorial da revista *Educação* reunir todos esses autores nesse número? Seria um número especial ou a retomada dos tradicionais ideais, mesmo frente às "novas" concepções de ensino com a Escola Nova, visto que as formas de alfabetizar não se diferenciaram na prática? Essas dúvidas foram suscitadas ao longo da pesquisa, mas como esse número da revista *Educação* não era então objeto específico de análise, deixei-as apenas como indicação para fecundas investigações futuras.

9 Estudos sobre essa conferência se encontram em Ribeiro (2001; 2005) e em Panizzolo (2006).

defendia Theodoro de Moraes. Como não poderia ser diferente, em torno dessa conferência e das ideias apresentadas por Köpke, mais uma polêmica em torno do método analítico.

Köpke ressalta que o ensino da leitura devia ser feito mediante atividades agradáveis e atrativas, e o professor devia conhecer as fases particulares de seus alunos para organizar esse ensino. Mediante esses critérios, Köpke considera que a unidade mais completa de sentido para esse ensino é o conto, que apresenta um "[...] scenário em que se desdobre uma acção dramática, cujos actores tanto mais facilmente se reconhecem quanto mais enlevo offerecer o enredo do drama" (Köpke, 1896, p.18).

O que incomodava os professores paulistas que participaram dessa conferência era o modo proposto por Köpke, para processar o método analítico, considerado por eles, inaplicável às escolas onde o ensino era coletivo. No entanto, Köpke justifica que seu modo de processar o método analítico era perfeitamente aplicável à realidade das escolas, já que se valia de livros (para o ensino individual) e do quadro-negro (para o ensino coletivo).

Em 1909, Theodoro de Moraes, de forma semelhante, sistematiza os conceitos teóricos sobre o método analítico, baseado nas concepções de um ensino moderno, de acordo com os pedagogistas norte-americanos. Reafirma a importância das estampas nesse processo de ensino, das "palestras" ou conversas com os alunos, da importância da utilização do quadro negro, no entanto, contrariamente, a João Köpke, afirma ser o melhor modo de processar o método analítico, tendo como unidade de sentido um conjunto de sentenças ou historietas.

Embora Oscar Thompson, nesse momento histórico, na condição de diretor geral da Instrução Pública e autoridade para legitimar saberes e práticas, conhecesse a proposta de ensino da leitura de Köpke, opta por tornar oficial o ensino da leitura pelo método analítico pela sentenciação. As causas de sua escolha, provavelmente, basearam-se na comprovação da eficiência do modo de processação do referido método proposto por ele e praticado por Theodoro de Moraes na Escola Modelo Isolada.

Em 1916, João Köpke dá prosseguimento à conferência de 1896, com outra intitulada *O ensino da leitura pelo methodo analytico*, com o objetivo de esclarecer os princípios do processo que propunha, mediante os "moldes práticos" apresentados na *Cartilha n.1* e *Cartilha n.2*. Essa segunda conferência é republicada, em 1945, juntamente com o artigo de Theodoro de Moraes. Nessa conferência, embora Köpke elogie por duas vezes as cartilhas analíticas de Theodoro de Moraes, Arnaldo de Oliveira Barreto, Antonio Carlos Cardim, ele critica o modo de começar o ensino da leitura pela historieta.

Nesse mesmo ano da conferência de Köpke, Theodoro de Moraes escreve o livro *Sansões...: no ensino e para o ensino* publicado em 1917. No Capítulo "Bons livros esquecidos", Moraes comenta sobre alguns bons livros didáticos que haviam ficado esquecidos nos cursos primários e elogia os livros de Köpke, considerados por ele como magníficos:

> Quem vê hoje [1916] pelas escolas O Coração, de Amicis, os livros de Hilário Ribeiro e Maria Guilhermina de Andrade, excellentes e tão bem graduados? Não é só. A "boycottage" interesseira tem arredado das classes os de João Köpke, mestre inegualavel e competente educador.
>
> Entretanto, com as provas da minha experiencia de professor primario, ainda não deparei outros que possam emparelhar-se com os da série "Rangel Pestana" e muito menos substitui-los. Para se avaliar do mérito de um livro didactico, a melhor pedra de toque é a classe, o appetite e o prazer com que os alumnos o lêm. Pelo desembaraço na leitura, pelo gozo que lhes brilha, nos olhos, pela expressão que lêm e revelam comprehensão, sempre surprehendi e vou surpreendendo no trabalho de cada dia dos livros de Köpke como instrumentos de educação e formação. Refiro-me especialmente ao 1º 2º e 3º da série magnífica por ellle organizada.[...] Assim pensando, João Köpke, ao fazer a sua optima collecção de livros escolares para o ensino da língua materna, não se fechou a sete chaves na torre de marfim da sua imaginação exclusiva e, armado de bom gosto, poz-se a respigar o que de melhor se enquadrasse nas paginas com que brindou a infancia brazileira, ora traduzindo, ora adaptando. (Moraes, 1917, p.115-6)

Esse parecer favorável de Theodoro de Moraes aos tão questionados livros para o ensino da leitura de Köpke apresenta um tom de certa neutralidade em relação às acirradas disputas entre paulistas e fluminenses em torno da melhor forma de processação do método analítico.

No entanto, Moraes (ibidem, p.120) também crítica alguns aspectos dos livros de Köpke:

> Vejo nas obras de João Köpke duas lacunas. A primeira é o duscuido (sic) pela parte material dos livros. As estampas são velhas e ainda mais feias pela impressão que as faz sahir borradas. Melhor do que eu, sabe o dr. João Köpke o valor da estampa que suggere, captiva a attenção e anima o texto, dando-lhe belleza e maiores atractivos. A segunda é ter o distincto mestre, ao traduzir algumas historietas e narrações em inglês, conservado nos livros, sem converte-las para o systema actual, as antigas medidas, pés, côvados, varas, libras que ficam mortas para a intelligencia dos alumnos dos primeiros annos, familiarizados que estão com i metro e as suas subdivisões. [...] A esta objecção opporei outra – é que, ensina o bom methodo, a hora da leitura, sirva embora subsidiariamente aos outros ramos do ensino, não é momento opportuno para essas incursões, dispersivas então, pelo domínio do sytema métrico.

Como se pode constatar mediante a análise dos aspectos da configuração textual, de *A leitura analytica* (1909a), Moraes, ao escrever esse livreto, tinha o objetivo de, além de divulgar o método analítico e reafirmar as vantagens desse método em relação aos métodos sintéticos que até então se empregavam no ensino da leitura, fundamentar cientificamente o uso do método analítico, baseado especialmente nas ideias da pedagogia norte-americana.

Portanto, *A leitura analytica* (1909a) visava, também, a responder às necessidades do momento histórico de sua publicação, com ecos no momento posterior em que foi republicado na revista *Educação*. Certo é que, mais do que mera discussão sobre o melhor método a ser utilizado, a defesa do método analítico por parte de Theodoro de Moraes envolvia principalmente uma questão compromissada com os ideais do movimento de renovação educacional pela qual passava o país e o mundo nesse momento histórico.

Como ensinar leitura e linguagem nos diversos annos do curso preliminar (1911)[10]

O documento oficial *Como ensinar leitura e linguagem...* (Carneiro et al.,1911) foi elaborado pelos inspetores escolares Miguel Carneiro, João Pinto e Silva, Mariano de Oliveira e Theodoro de Moraes e expedido pela Diretoria Geral da Instrução Pública do Estado de São Paulo. Esse documento é emblemático das tentativas de introdução do método analítico nas escolas primárias do estado de São Paulo durante a primeira gestão, 1909-1911, de Oscar Thompson, como diretor geral da Instrução Pública.

Esse documento oficial foi utilizado para a orientação dos professores do curso primário para processar o ensino da leitura e da linguagem pelo método analítico, a fim de uniformizá-lo nas escolas públicas paulistas, mas, provavelmente, também circulou entre as escolas de formação de professores, entre os administradores escolares e os autores de cartilhas e livros de leitura para o ensino pelo método analítico, influenciando-os nas elaborações de propostas e práticas para esse ensino.

Theodoro de Moraes foi um dos signatários do documento *Como ensinar leitura e linguagem...*(ibidem), mas como já apresentei informações sobre esse professor no Capítulo 1 deste livro, destaco apenas os aspectos da atuação profissional dos outros signatários do documento. É importante mencionar que os aspectos dos outros autores aqui citados não são decorrentes de um estudo minucioso, são apenas informações que foram reunidas ao longo da pesquisa, já que não localizei, até o momento, estudos pontuais que os mencionassem, com exceção da atuação profissional de Mariano de Oliveira que é abordada por Sobral (2007).

Miguel Carneiro Júnior[11] diplomou-se pela Escola Normal de São Paulo, em 1893, quando esse curso ainda era de três anos. Em 1901,

---

10 Daqui em diante, quando mencionar esse documento oficial, utilizarei a seguinte forma abreviada: *Como ensinar leitura e linguagem...*

11 As informações sobre esse professor e sua atuação profissional foram extraídas de Rodrigues (1930), do site do CRE "Mário Covas" e do site <http://issodatrabalho.blogspot.com>. Acesso em 5 jan. 2009.

ele foi exonerado do cargo de diretor do grupo escolar "Dr. Morais Barros",[12] em Piracicaba (SP), e em seguida foi nomeado professor adjunto da Escola Modelo "Prudente de Morais", em São Paulo (SP). Em 8 de abril de 1907, Miguel Carneiro Júnior criou o grupo escolar de Caçapava[13] e o instalou a 25 do mesmo mês e ano, que o dirigiu como diretor até 17 de junho desse mesmo ano.

Em 1908, já como inspetor escolar, elaborou em coautoria com Theodoro de Moraes e Carlos Alberto Gomes Cardim um parecer intitulado "Livros didacticos" publicado no *Annuario do ensino do Estado de São Paulo*, como mencionei no Capítulo 1 deste texto, no qual avaliam livros didáticos, cadernos, mapas e outros materiais de ensino, com o objetivo de recomendar ou não sua adoção pela Diretoria Geral da Instrução Pública, para uso nas escolas paulistas; e, em 1911, elaborou também em coautoria o documento oficial *Como ensinar leitura e linguagem...*

João Francisco Pinto e Silva[14] diplomou-se pela Escola Normal de São Paulo, em 1891, quando esse curso ainda era de três anos de duração, e, em 1897, após a mudança para quatro anos, ele complementou seus estudos nessa Escola Normal.

Pinto e Silva, como ficou conhecido, integrou, em 1894, o primeiro corpo docente do Grupo Escolar "Luís Leite", em Amparo (SP). Em 19 de novembro de 1895, foi nomeado para o cargo de diretor do Grupo Escolar "Luís Leite", no qual permaneceu até 30 de julho de 1899. É importante ressaltar que Theodoro de Moraes ingressou, em 1898, como professor adjunto nesse mesmo grupo escolar e, portanto, trabalharam juntos.

Para o ensino primário, João Pinto e Silva escreveu alguns livros didáticos: *Minha pátria (2º e 3º annos)*, *Meus deveres (2º, 3º e 4º annos)*,

12 As informações sobre esse professor e sua atuação profissional foram extraídas de Rodrigues (1930), do site do CRE "Mário Covas" e do site <http://issodatrabalho.blogspot.com>. Acesso em 5 jan. 2009.

13 Informações extraídas do site do CRE "Mário Covas", disponível em: <http://www.crmariocovas.sp.gov.br/pdf/neh/1905-1910/1907Grupo_Escolar_de_Cacapava.pdf>.

14 As informações sobre a atuação profissional desse professor foram localizadas no Acervo da Escola Estadual "Luís Leite".

Cartilha do lar, *Cartilha escolar*. Escreveu ainda para o ensino secundário o *Novo manual de língua portugueza*, publicado pela Editora Paulo de Azevedo (SP), mas, até o momento, não localizei o ano de publicação desse manual.

Mariano de Oliveira diplomou-se pela Escola Normal de São Paulo em 1888, quando esse curso ainda era de três anos. Em 1905, Mariano de Oliveira foi nomeado diretor do Grupo Escolar de Piraju, na cidade paulista de mesmo nome, a fim de organizar esse grupo, que havia sido criado recentemente.

Como inspetor escolar, foi coautor de dois importantes documentos oficiais da época: *Como ensinar leitura e linguagem...*, e *Instrucções praticas para o ensino da leitura pelo methodo analytico – modelos de lições* (Directoria Geral da Instrucção Publica, 1914),[15] este último em conjunto com os professores Ramon Roca Dordal e Arnaldo de Oliveira Barreto.

Em 1917, Mariano de Oliveira assumiu o cargo de diretor da Escola Normal de São Carlos, na cidade paulista de mesmo nome, tendo permanecido nesse cargo até 1922. Exerceu ainda os cargos de: professor da Escola Modelo e da Escola Complementar, ambas de Itapetininga (SP); diretor dos grupos escolares das cidades paulistas de Faxina e Bragança; e adjunto das escolas reunidas do Grupo Escolar de São Roque, na cidade paulista de mesmo nome.

Segundo Sobral (2007), em 1916 Mariano de Oliveira teve publicada, pela editora Weiszflog Irmãos, a *Nova cartilha analytico--synthética*. Essa cartilha foi editada até a 185ª edição, de 1955, e atingiu a tiragem total de 825 mil exemplares, assim tendo circulado por diversos estados brasileiros. Ainda de acordo com Sobral (2007), Mariano de Oliveira teve também publicada, pela editora Weiszflog Irmãos, a *Cartilha ensino rápido da leitura*, cuja 1ª edição data de 1917. Essa cartilha foi adotada oficialmente em diversos estados brasileiros e foi editada por cerca de 80 anos, até 1997, quando alcançou sua 2.232ª edição, tendo sido editados mais de 6 milhões de exemplares. Para

15 Para informações mais detalhadas sobre esse documento oficial, ver, especialmente, Mortatti (2000a).

Sobral (2007, s.p.), essas duas cartilhas "[...] podem ser consideradas como algumas das que tiveram maior circulação na escola primária brasileira e, talvez, as de maior destaque no mercado editorial em nosso país, durante o período em que foram editadas".

Os dois exemplares analisados do documento *Como ensinar leitura e linguagem...* foram expedidos pela Diretoria Geral da Instrução Pública, mas editados por casas publicadoras diferentes. Em 1911, foi publicado pela Typ. Siqueira, Nagel & Comp., e em 1918, pela editora Gordinho, Braune & Co, ambos com o total de 27 páginas, sem alterações no conteúdo, com apenas atualizações ortográficas e gramaticais de acordo com o momento de publicação.

Como ensinar leitura e linguagem... é composto por sete capítulos. No Capítulo 1, os autores buscam fundamentar teoricamente o ensino da leitura pelo método analítico. Para isso recorrem a Comenius, a quem atribuem a reforma do ensino da leitura, visto que propôs que se partisse "[...] da observação dos objetos em vez de se partir do nome. Eis por que se lhe chama o pai do methodo intuitivo" (Carneiro et al., 1911, p.3).

Os princípios de Comenius sobre a leitura analítica são: "*Ponham-se as coisas sob os olhos em vez de as descrever por palavras*" (Comenius apud Carneiro et al., ibidem, grifo dos autores). Portanto, de acordo com esse princípio, deve-se considerar "[...] primeiro o *todo*, depois as partes e relações. Aquillo que se *tem visto* se recorda melhor do que aquillo que foi contado [...]" (ibidem, grifo dos autores).

Em seguida, argumentam que em países como Cuba, Argentina, Uruguai, México e especialmente os Estados Unidos se ensinava a leitura com base nesses princípios. Apontam também que já havia duas décadas que o ensino inicial da leitura de acordo com esse método tinha sido introduzido, sob direção da professora *Miss* Browne,[16] nas escolas primárias modelos do estado de São Paulo. Citam os professores João

16 As professoras *Miss* Márcia Priscila Browne e D. Maria Guilhermina Loureiro de Andrade foram contratadas para dirigir a Escola Modelo do Carmo em 1890, visto que suas concepções de ensino eram baseadas na então "moderna metodologia americana". A respeito da atuação dessas duas professoras em relação ao método analítico para o ensino da leitura, ver Mortatti (2000a) e Chamon (2005).

Köpke, D. Maria Guilhermina, Gabriel Prestes[17] e Arnaldo Barreto como "distinctos propugnadores" desse método no país.

Ainda nesse capítulo, recomendam que o ensino inicial da leitura deveria obedecer a uma ordem psicológica (o ensino vai do composto para o simples) e não a uma ordem lógica (do simples para o composto). Pautados nos estudos de Binet[18] e Henri[19] (sobre a memória das palavras e das frases) e de Decroly[20] e Décand[21] (sobre a memória visual verbal) afirmam que "*As crianças devem aprender as phrases antes das palavras*" (Vasconcellos apud Carneiro et al., ibidem, p.4, grifos do autor), pois assim a "[...] criança retem e fixa mais facilmente a phrase, que representam uma idéia completa, mais concreta, do que a palavra desligada da phrase e com mais forte razão do que a syllaba ou a letra." ibidem).

Os autores explicam detalhadamente, em seis passos, como deve ser o ensino da leitura analítica. No primeiro passo, o professor deve organizar "palestras" em que os alunos observem estampas (no livro ou desenhadas rapidamente pelo professor no quadro negro) e façam observações enunciadas em sentenças completas. No segundo passo, o professor deve encaminhar os alunos à primeira lição de leitura, que deverá ser desenvolvida "exclusivamente no quadro negro" e sempre lida em conjunto pela classe, até a 10ª ou 12ª lição. No passo seguin-

17 Gabriel Prestes (1867-1911) diplomou-se pela Escola Normal da Rua Boa Morte, na cidade de São Paulo-SP, em 1888. Em 1892, aperfeiçoou a reforma da Instrução Pública do Estado de São Paulo iniciada por Antonio Caetano de Campos. A respeito da atuação desse professor, ver, especialmente, Hilsdorf (1986).

18 Alfred Binet (1857-1911) foi psicólogo e pedagogo francês que "[...] em 1889 criou um laboratório de pedagogia experimental em Paris" (Luzuriaga, 1960, p.59, tradução minha).

19 Até o momento não foi possível localizar informações sobre Henri.

20 Ovide Decroly (1871-1932) "[...] rompeu com a situação tradicional das matérias de estudo e criou o programa das "ideias associadas" e "centros de interesse", baseados nas "necessidades das crianças" (ibidem, p.108). O método de ensino de Decroly também se baseia "[...] na mesma ideia de integração ou globalização, a da leitura ideovisual, pela qual se dão a ler as crianças frases com sentido, [...] antes que palavras ou sílabas, que é analisada posteriormente (ibidem, p.108, tradução minha).

21 Também não foi possível localizar informações sobre Décand.

te, o professor deve recapitular as lições no quadro negro "[...] em differentes ordens, para se chegar ao dominio completo da sentença" (ibidem, p.5), possibilitando que os alunos tenham liberdade para escrever não apenas sentenças, mas muitas palavras, até dominarem com segurança esse passo a passo. Então virá o quarto passo, que consiste em iniciar o trabalho de análise, possibilitando "[...] a fragmentação das sentenças para o reconhecimento de cada vocábulo" (ibidem). No quinto passo, deve acontecer a "[...] fragmentação dos vocábulos em seus elementos, pronunciados vagarosamente e escriptos no quadro negro [...]" (ibidem). E finalmente, no último passo, o professor deve auxiliar os alunos a combinarem esses "[...] elementos em palavras novas, que dominadas, serão empregadas em sentenças pelo alumno e dominio das letras" (ibidem).

No Capítulo 2, os autores explicam detalhadamente como o professor deve proceder no ensino da leitura para cada ano do curso preliminar. Para o 1° ano, há uma lista contendo 12 "instruções" aos professores, para as aulas de leitura, cujas principais são:

> Cada secção deve ter duas aulas diarias de leitura: – uma no 1° e outra no 2° periodo. Para as classes que ainda estejam na cartilha analytica, a 1.ª lição do dia – será dada no quadro negro, e a 2.ª no livro. Para as lições no quadro parietal, é preferível que os alumnos se disponham em arco de circulo [...]. Escrevam-se as sentenças, umas em letras de fôrma, outras em calligraphia vertical [...]. Varie o professor a construcção das sentenças, quando as escreva no quadro negro, para evitar a repetição textual do livro. Habituar os alumnos a lerem em tom natural. Quando o alumno, ao lêr a sentença, o não faça em tom natural, o Professor deve leval-o a formular uma pergunta a um dos collegas, de modo que a resposta dada por este seja a sentença que devia ter lido bem. O Professor nunca interromperá a leitura do alumno para lhe corrigir um erro qualquer. Espere-se pelo fim da leitura da sentença. [...]. Faça o alumno a leitura *silenciosa* da sentença nova, antes de a lêr em voz alta. Evite-se o emprego do ponteiro na leitura das sentenças. O ponteiro deve ser usado apenas na leitura de palavras isoladas ou dispostas em columnas. Corrija-se a posição viciosa do alumno, o qual deve segurar o livro com a mão esquerda e conserval-o á altura necessaria para não encobrir a boca; Evite o Professor as perguntas

directas, individuaes; dirija-se a toda a classe; dêm os alumnos o signal; seja, então, um delles desigado pelo professor. (ibidem, p.6-7)

Após essas instruções, são apresentados quatro tipos de exercício para auxiliar no ensino da leitura ao 1° ano e quatro tipos de exercício para o 2° ano; alertam, entretanto, que esses "[...] não devem ser feitos dentro da hora consagrada á leitura propriamente dita" (ibidem, p.7), mas diariamente (de 5 a 10 minutos) pela manhã.

Para os alunos do 2° ano, há uma lista contendo 13 "instruções" aos professores, especialmente para facilitar a transição da cartilha analítica para o primeiro livro de leitura, são elas:

> Escolha o Professor uma historieta que desperte o interesse dos alumnos [...]. Palestre com os alumnos, contando-lhes a historieta escolhida [...]. Faça pergunta aos alumnos, de modo que elles reproduzam parcialmente a historieta. Um alumno reproduzirá a historieta narrada. [...] leia com eles o Professor a historieta referida [...]. Cada alumno lerá um trecho da historieta; o Professor empregará em sentenças as palavras desconhecidas [...]. O Professor faz esse trabalho de pé, junto ao quadro parietal, onde escreve as palavras novas [...]. Os alumnos copiam essas palavras, escrevendo-as em columna. [...] as palavras deve ser lidas: a) de baixo para cima b) de cima para baixo c) em côro pela classe. As palavras encontradas no texto e explicadas [...] serão lançadas num caderno pelo Professor, que deve analysal-as e seus elementos [...]. Utilizem-se os alumnos das palavras explicadas para a formação de sentenças oraes e escriptas. Copiem os alumnos frequentemente essas palavras, dividindo-lhes em syllabas, sem deixar de permeio o hyphen [...]. Leia, finalmente, o Professor, em voz clara, a historieta narrada [...]. Após os trabalhos prévios, no dia seguinte chamada a classe á lição de leitura [...]. (ibidem, p.11-2)

Para o 3° e 4° anos, há oito "instruções" gerais. O professor deve preparar a lição com antecedência; as classes devem ser divididas em duas seções; enquanto uma faz a leitura oral, a outra lê o mesmo capítulo mentalmente; a leitura em voz alta deve ser feita em dias alternados pelas diferentes seções; em alguns momentos, a leitura mental da lição pode ser feita simultaneamente pelos alunos das duas seções; os alunos do 4º ano devem se familiarizar com a leitura de jornais na classe; devem-se estabelecer concursos de leitura e declamação entre os alunos de mesmo ano; quando o aluno estiver lendo ou expondo, o professor deve evitar encará-lo e, ao reproduzir o assunto da leitura, deve manter o livro fechado, assim como os alunos.

No Capítulo 3, os autores afirmam que a leitura expressiva é "[...] única verdadeira, a leitura por excellencia, pois que simplesmente por ella já póde o Professor saber de antemão si o alumno preenche o fim dessa disciplina, isto é, si comprehende o que lê" (ibidem, p.14). Para que haja essa leitura expressiva, o professor deve realizar um estudo preliminar do trecho ou do capítulo que será objeto da lição do dia, a fim de que o aluno compreenda toda a lição.

Em seguida, apresentam 11 passos para que a classe obtenha uma leitura expressiva. Esses passos assemelham-se aos passos apresentados para o ensino da leitura ao 2º ano do curso primário, com o acréscimo de orientações para que o professor incentive os alunos para estudarem a lição em casa; no dia seguinte um aluno deverá ler toda a lição e o outro deverá reproduzi-la oralmente; em seguida, cada aluno da classe deverá ler um trecho.

No Capítulo 4, os autores apresentam cinco passos para o ensino da leitura suplementar que tem "[...] como principal objectivo illustrar e desenvolver o alumno em differentes noções sobre sciencias physicas e naturaes, geographia, historia, lições de coisas, etc., etc." (ibidem, p.16). Enfatizam que, apesar de não se tratar especificamente do ensino de leitura ou de linguagem, o professor deve aproveitar essa ocasião para reforçar esse ensino.

No Capítulo 5, apresentam 11 passos para a instrução do professor no ensino de linguagem oral, entre os quais destaco:

> 1) [...] exercício de formação da sentença como unidade que é do pensamento.
>
> 2) Não permitir as respostas por palavras isoladas [...] o alumno deve formar sentenças completas.[...]
>
> 6) Substituir a dispersiva analyse grammatical pela analyse educativa

> do pensamento, procedendo-se a reiterados exercícios de interpretação e reproducção.[...]
>
> 9) Cuidadosos exercícios de dicção. Versos escolhidos, trecho de boa literatura, pensamentos em linguagem castiça devem ser dados com esse intuito aos alumnos.[...]
>
> 11) Exercícios de dialogação, feitos entre tres alumnos de cada vez, ficando dois como interlocutores e um como critico. [...]. (ibidem, p.17-8)

No Capítulo 6, ressaltam que o ensino da linguagem escrita "[...] deve ser o resultado do 'cabedal angariado' pelo aluno na linguagem oral" (ibidem, p.18). Exemplificam em 14 tópicos como o professor deve proceder nesse ensino, entre os quais destaco:

> [...] 2) Estabeleça-se a variedade nesses exercícios. As copias (1° e 2° anno), os dictados (1°, 2°, 3° e 4° anno), as reproducções (2°, 3° e 4° anno), a transposição de verso em prosa (3° e 4° anno), a formação de sentenças (1°, 2°, 3° e 4° anno), as composições (4° anno), o emprego de homonymos no corpo de sentenças (3° e 4° anno), o emprego de verbos nas formas convenientes pela mudança do infinito impessoal deixado na sentença (3° e 4° anno), as flexões de genero e numero pela variação dos nomes deixados na sentença (2° e 3° anno), a redacção de cartas (2°, 3° e 4° anno) e requerimentos (4° anno) estabelecem essa variedade. (ibidem, p.18-9)

No Capítulo 7, instruem os professores sobre como proceder na correção do trabalho escrito, que deve ser feita pelo professor assim que o erro for cometido pelo aluno; o professor, portanto, deve percorrer as fileiras com esse objetivo, auxiliando diretamente os alunos.

A busca pela uniformidade no ensino da leitura

Em 1910, o diretor geral da Instrução Pública, Oscar Thompson, escolheu entre os inspetores escolares em atividade, Miguel Carneiro Júnior, João Pinto e Silva, Theodoro de Moraes e Mariano de Oliveira para ser responsáveis pela inspeção das matérias leitura e linguagem.

Após um ano de inspeção percorrendo diferentes municípios do estado de São Paulo, esses inspetores escolares constataram a falta de uniformização no ensino dessas duas matérias e elaboraram, em conjunto, o documento *Como ensinar leitura e linguagem...*, como atesta o relatório de Oscar Thompson no *Annuario do ensino...* (1911-1912, p.21, grifo do autor):

> Como ainda em alguns grupos e escolas se disvirtúa o méthodo racional do ensino, havendo preoccupação de confiar todos os conhecimentos á memória, com prejuizo do raciocinio, fazendo-se a criança de mero repetidor inconsciente do que passivamente ouviu ou decorou, não é demais repetir: *na escola a magna questão é de methodo; a mais alta preoccupação é educar.*
>
> A fim de facilitar a uniformidade de orientação do ensino, fica, em linhas geraes, estabelecido:
>
> I – *Calligraphia* – vertical – cuidado com a posição do aluno e disposição do papel.
>
> II – *Leitura* em grupos escolares – aos analphabetos pelo méthodo analytico; em escolas isoladas pela palavração.
>
> III – *Leitura e linguagem* (em todas as classes) exigir a fiel observancia do manual "Como ensinar leitura e linguagem nos diversos annos"[...]

Portanto, a principal função de *Como ensinar leitura e linguagem...* parece ter sido a de normatizar, para uniformizar, um método que se queria institucionalizar para o ensino da leitura às crianças da escola pública paulista, além de divulgar vantagens para o ensino da leitura pelo método analítico e auxiliar os professores (adeptos ou resistentes) no preparo de suas aulas de leitura por esse método.

Outro aspecto a ser destacado é a permanência desse documento para além de seu momento histórico da primeira edição, em 1911. Embora tenha localizado outro exemplar publicado, em 1918, por outra editora, não posso precisar com exatidão se esse documento circulou ininterruptamente ao longo desses sete anos.

A republicação do documento analisado, em 1918, provavelmente está relacionada com a segunda gestão de Oscar Thompson na condição de diretor geral da Instrução Publica Paulista, iniciada em 1917; e com suas metas de erradicação do analfabetismo no Brasil, mediante o ensino da leitura pelo método analítico para crianças, jovens e adultos. Nesse mesmo ano é publicada a *Cartilha do operário* (Moraes, 1918) de acordo com o método analítico.

De qualquer forma, esse documento teve, no momento histórico de sua publicação, importante e pioneira função de uniformização do método de ensino da leitura, assim como o documento oficial *Instrucções praticas para o ensino da leitura pelo methodo analytico – modelo de lições* [22] expedido, também, pela Directoria Geral da Instrucção Publica, em 1914, e elaborado pelos professores Ramon Roca Dordal, Mariano de Oliveira e Arnaldo de Oliveira Barreto. Essas instruções dialogam com as do documento oficial *Como ensinar leitura e linguagem...* para o ensino da leitura pelo método analítico, a partir da historieta.

No entanto, essa institucionalização do ensino da leitura pelo método analítico foi sendo questionada, gradativamente, pelos professores das escolas públicas paulistas e culminou com a "autonomia didática" estabelecida pela reforma Sampaio Dória (Lei n.1750, de 1920), que desobrigava os professores a utilizar apenas o método analítico para o ensino da leitura, o que caracteriza passagem para um novo momento, de relativização dos métodos para esse ensino.

22 Sobre esse documento, ver, especialmente, Mortatti (2000a).

3
O método analítico, por Theodoro de Moraes: concretizações

Meu livro: primeiras e segundas leituras

A cartilha *Meu livro: primeiras leituras de accôrdo com o methodo analytico*[1] de Moraes (1909), destinava-se ao ensino inicial da leitura pelo método analítico a alunos do primeiro ano do curso primário,[2] tendo sido indicada e aprovada para a adoção nas escolas públicas do estado de São Paulo e de outros estados brasileiros e utilizada também em escolas particulares. Essa cartilha teve permanência duradoura além do momento histórico de sua primeira edição, tendo contribuído para a alfabetização de diferentes gerações de crianças, por mais de quatro décadas, em diversos estados do país.

Meu livro: primeiras leituras... foi considerada pelos contemporâneos de Moraes, e por seus pósteros, como a primeira cartilha brasileira processada de acordo com os princípios do método analítico. Qual o motivo que os levaram a considerar essa cartilha pioneira nesse ensino

---

1 Daqui em diante, quando mencionar essa cartilha, volto a utilizar a seguinte forma abreviada: *Meu livro: primeiras leituras...*

2 A denominação "[...] 'curso primário' passou a ser utilizada a partir do século XIX; após a Lei 5692/1971 esse nível de ensino passou a ser denominado '1ª a 4ª série do Ensino de 1° grau'; e, a partir da LDB 9394/1996, passou a ser denominado de '1ª à 4ª série do Ensino Fundamental'" (Mortatti, 2008b, p.5).

entre os outros livros didáticos de autores brasileiros já existentes pelo método analítico? Sua elaboração de acordo com o padrão oficial ditado pela Diretoria Geral da Instrução Pública? Ou seria, pioneira, a forma com que Theodoro de Moraes processa o método analítico a partir de historietas? Independentemente de ter sido a primeira cartilha analítica ou não, foi inúmeras vezes mencionada por eles como a melhor cartilha processada pelo método analítico.

O livro de leitura *Meu livro: segundas leituras de accôrdo com o methodo analytico*[3] destinava-se ao ensino da leitura pelo método analítico aos alunos do 2º ano do curso primário, tendo sido aprovado e adotado pelos governos do estado de São Paulo, outros estados[4] e escolas particulares.

Embora *Meu livro: segundas leituras...* também tenha permanecido além do momento histórico de sua publicação e tenha formado no mínimo três diferentes gerações de crianças leitoras, não teve a mesma repercussão que a cartilha, que teve 70 edições, enquanto a última edição localizada do livro de leitura foi a 40ª. Além disso, as menções a esse livro de leitura foram localizadas apenas em lista de livros aprovados, quartas capas de outros livros didáticos, não tendo sido localizado nenhum comentário específico sobre ele.

Meu livro: primeiras leituras... (1909)

Como informei, a 1ª edição da cartilha *Meu livro: primeiras leituras...* foi publicada em 1909, por Augusto Siqueira & Comp., e integrava a Coleção "Caetano de Campos". Mas, até o momento, não localizei informações pontuais sobre essa coleção, em especial sobre ser composta apenas pelos livros didáticos para o ensino da leitura pelo método analítico para crianças e adolescentes e adultos, de Theodoro de Moraes ou se havia livros didáticos de outros autores. Mesmo assim, pode-se afirmar que o título dessa coleção representava uma home-

---

3 Daqui em diante, quando mencionar esse livro de leitura, volto a utilizar a seguinte forma abreviada: *Meu livro: segundas leituras...*

4 De acordo com as informações da página de rosto da 40ª edição, de 1946, esse livro de leitura foi distribuído nos estados brasileiros de São Paulo, Rio de Janeiro, Recife, Bahia, Pará e Porto Alegre.

nagem ao primeiro diretor da Escola Normal de São Paulo, Antonio Caetano de Campos, que se tornou importante nome do magistério paulista, relacionado com a reforma da instrução pública, pois "[...] é o seu nome que a memória e a história registraram como autor da Reforma de 1890, assim como seu é o nome da Escola Normal de São Paulo, a Escola da Praça, que sobrevive como o protótipo do que a escola pública republicana já foi capaz de gerar" (Warde; Gonçalves, 2002, p.105)

Essa cartilha teve sucessivas edições pela mesma casa publicadora, até a 21ª edição, de 1934. A 22ª edição foi publicada pela Tipografia Salles Oliveira, em 1935. A partir da 23ª edição, de 1936, até a última, a 70ª edição, de 1950, a cartilha foi publicada pela Companhia Editora Nacional, que comprou seus direitos de publicação.

As diferentes edições da cartilha *Meu livro: primeiras leituras...* sofreram algumas alterações que serão apresentadas ao longo deste capítulo, visto que desenvolvi a análise da configuração textual de três exemplares de edições diferentes dessa cartilha, as quais pude recuperar e analisar até o momento: a 9ª edição, de 1920; a 14ª edição, de 1926, e a 65ª edição, de 1948. Os exemplares analisados da 9ª e 14ª edições foram publicados pela Typographia Augusto Siqueira e Comp. e sofreram pequenas alterações entre si (Figura 1).

A capa dos dois exemplares da cartilha, como se pode observar, é retangular, com dimensões de 20 x 15,5 cm, com estampas[5] coloridas. O título da cartilha está contido dentro do quadro-negro, e à frente dele, estão em pé um menino e uma menina, ambos segurando um livro entre as mãos como se o estivessem lendo. Embora não tenha localizado informações sobre os ilustradores da cartilha e de não poder precisar se na 1ª edição a estampa da capa era idêntica a essa, certo é que essa capa estava em sintonia com os princípios do ensino da leitura pelo método analítico, em que o professor iniciava esse ensino no quadro-negro, para posteriormente, prosseguir na cartilha e livro de leitura.

5 O termo "estampa" era utilizado na época de publicação e circulação da cartilha em análise com significado aproximado ao em que hoje se atribui ao termo "ilustração".

Figura 1 – Capa da 9ª e 14ª edições de *Meu livro: primeiras leituras...*

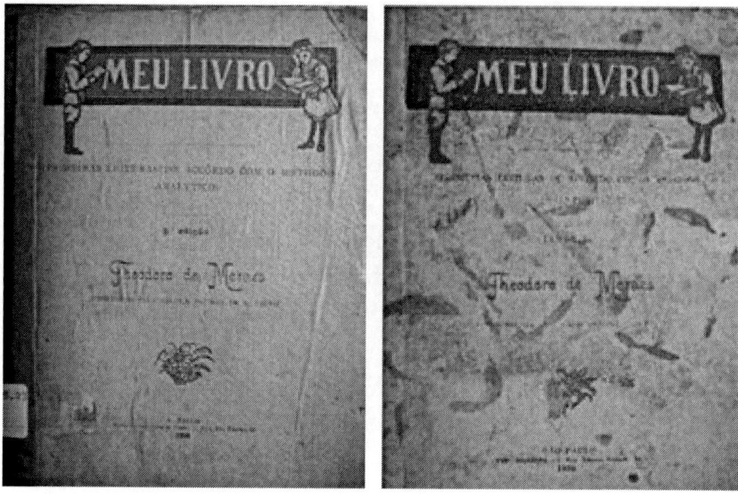

Fonte: Acervo do Instituto de Pesquisas e Estudos Educacionais Professor "Sud Mennucci" (SP) e acervo pessoal da autora

Outro aspecto a ser destacado é o subtítulo da cartilha, em que o autor ou o editor faz questão de explicitar, respectivamente, por motivos de divulgação do método ou ainda a fim de garantir maior vendagem da cartilha, já que estava de acordo com os padrões oficiais.

O exemplar da 65ª edição da cartilha difere mais perceptivelmente das duas edições anteriores quanto a seus aspectos formais e estruturais, pois como já informei, é um exemplar publicado por outra editora: a Companhia Editora Nacional. Seu formato é retangular, com dimensões de 20 x 14 cm, com o total de 157 páginas.

O título da cartilha está contido dentro de um quadro emoldurado em azul e ligado a esse quadro há um globo com o esboço dos continentes terrestre. Na capa desse exemplar, há uma "marca" de um carimbo bastante apagado pelo tempo com os seguintes informes: "*Estado do Mato Grosso*"; "*Departamento de Educação e Cultura*"; "livro de distribuição gratuita" para classes." Essa "marca" confirma que essa cartilha também circulou nas escolas do estado do Mato Grosso.

Antes de iniciar as "lições" da cartilha, há uma nota explicativa apresentada a partir da 6ª edição (1917), a fim de enfatizar que foram inseridos e intercalados entre as lições da cartilha, a pedido de vários colegas do autor, exercícios baseados nas instruções do livreto *A leitura analytica*, também escrito por Moraes (1909a).

As "lições" da cartilha *Meu livro* não são separadas como tal, como geralmente ocorre nos livros didáticos; por isso e para facilitar a exposição neste tópico, classifiquei como "lição" cada unidade de ensino que, nessa cartilha, desenvolve-se em torno de uma "historieta". Esse termo foi utilizado no momento histórico de publicação dessa cartilha e significa "[...] um conjunto de sentenças, enunciadas pelos alunos a partir do estímulo visual gerado pela observação e fixadas pela memória, que mantém nexos lógico-gramaticais entre si [...]" (Mortatti, 2000a, p.124).

De acordo com minha classificação, *Meu livro* contém 60 lições. Entre essas lições, 37 apresentam uma estrutura comum: estampa, historieta e uma sentença em destaque; as outras 23 lições apresentam pequena diferença decorrente do acréscimo, ao final da página, de uma ou duas palavras retiradas da historieta e do destaque das letras iniciais, na forma maiúscula e minúscula dessas palavras, como, por exemplo: "Maria M m, Bola B b" (Moraes, 1920, p.12).

As primeiras lições da cartilha são compostas por historietas, que variam de três a oito sentenças.[6] A partir da oitava lição, o número de sentenças é ampliado, variando de oito a 16 sentenças, por historieta.

As personagens das historietas são adultos, crianças, objetos do universo infantil, do espaço escolar, animais e a natureza. Algumas personagens repetem-se em diversas historietas, até o final da cartilha.

Os temas dessas historietas podem ser reunidos em três grupos: o universo infantil lúdico, representado por brinquedos, como, bola e boneca; o espaço escolar, representado por objetos, como, livro, lápis e folha de papel; e a vida no campo, representada pelo contato com a natureza e com os animais.

6 Em relação ao exemplar da 9ª edição da cartilha, as últimas lições do exemplar da 14ª edição tiveram o número de sentenças das historietas ampliado. Já nas lições do exemplar da 65ª edição, em sua grande maioria, foram efetuadas apenas atualizações ortográficas e gramaticais, de acordo com a ortografia oficial do momento de publicação da edição.

Ao final de cada lição é destacada uma sentença "[...] á altura e ao sabor da comprehensão infantil que deve ser utilizada para leitura e linguagem escrita" (Moraes, 1920, p.137). Essas sentenças são escritas em manuscrito, com caligrafia vertical "[...] porque, além de outras vantagens, é o que mais se approxima da lettra de fôrma" (ibidem).

No decorrer das lições, há 39 palavras retiradas da historieta, com destaque das letras iniciais maiúsculas e minúsculas dessas palavras. Essas 39 letras não aparecem na sequência convencional do alfabeto; nem todas as letras do alfabeto são apresentadas e algumas delas são repetidas mais de três vezes na cartilha.

Ao final de um conjunto de algumas lições, há a Seção "Retrospecto",[7] no qual "[...] com o aproveitamento de palavras já conhecidas nas lições anteriores, apparecem sentenças que a classe lerá com facilidade" (ibidem).

Ao longo da cartilha, há o total de nove "retrospectos", e o número de lições para cada "retrospecto" pode variar de duas a 16 lições. Segundo as instruções ao final da cartilha, para se obter resultado eficaz, os alunos devem fazer a leitura silenciosa dos "retrospectos", para posteriormente realizarem a leitura oral.

Após a última lição da cartilha, são apresentadas 23 letras do alfabeto, com exceção das letras "W" e "Y", dispostas em colunas. Nas páginas seguintes, é apresentado o alfabeto da língua portuguesa, disposto em três colunas, em letra manuscrita e de forma e os numerais de zero a nove. A apresentação do alfabeto após as lições da cartilha é coerente com a proposta do ensino da leitura pelo método analítico, ou seja: primeiramente são apresentadas as estampas, seguindo-se a historieta, as sentenças, as palavras e, por último, suas letras e os sons correspondentes.

O exemplar da 9ª edição da cartilha *Meu livro: primeiras leituras...* apresenta um total de 190 estampas. Desse total, 62 estampas estão relacionadas com o conteúdo da historieta, sendo 53 em preto e branco e apenas nove coloridas. Essas estampas ocupam geralmente a metade

7 Na 14ª edição da cartilha e na 65ª edição, o título dado ao momento de recapitulação das lições foi alterado de "retrospecto" para "recordação".

da página e estão dispostas antes da historieta, pois, para o autor da cartilha, a observação é um dos passos essenciais para a aquisição da linguagem escrita. A maioria dessas 62 estampas contém figuras representativas do universo infantil.

Como se pode observar, nos exemplares das três edições, as estampas sofreram pequenas alterações e, também, foram acrescidas em média dez novas estampas. Os diversos temas representados por essas estampas, portanto, como se pode observar no Quadro 4, relacionam-se com os temas das historietas que acompanham.

Quadro 4 – Temas e quantidade de estampas em *Meu livro: primeiras leituras...*

Tema das estampas	*Quantidade*	*Lição*
Criança	7	2, 3, 15, 34, 51, 55, 57
Criança com a natureza ou com animais	9	10, 12, 36, 37, 39, 40, 42, 47, 48
Criança com objeto de estudo	8	1, 6, 7, 13, 16, 19, 20, 60
Criança com um adulto	1	18
Crianças com brinquedo	3	17, 18, 21
Adulto com um animal	1	31
Objeto escolar	3	4, 14, 25
Brinquedo	4	4, 5, 8, 9
Natureza e animais	19	11, 22, 23, 24, 26, 27, 28, 29, 35, 38, 41, 43, 44, 46, 49, 52, 53, 54, 56
Outros	7	30, 32, 33, 45, 50, 58, 59
Total de estampas	*62*	

Fonte: *Meu livro: primeiras leituras...* (9ª edição, 1920)

As demais 128 estampas que se encontram ao longo das lições estão relacionadas com outras palavras ou exercícios propostos, sendo 121 estampas em preto e branco e apenas 7 coloridas. Nesse caso, as estampas têm a função de representar o significado das palavras a serem estudadas, possibilitando ao aluno a leitura pela associação ideovisual.

As lições dessa cartilha são acompanhadas de inúmeros exercícios intercalados entre elas. A maioria dos exercícios é antecedida por um título, porém não há enunciados com instruções para sua realização; apenas em alguns casos, há uma nota de rodapé com essas instruções.

No Quadro 5, apresento os tipos de exercício intercalados entre as lições da cartilha.

Quadro 5 – Tipos de exercício apresentados em *Meu livro: primeiras leituras...*

Tipos de exercício	*Quantidade*	*Página*
"Descer e subir a escada"	4	13, 17, 24, 100
Palavras correspondentes às estampas	9	13, 17, 46, 57, 62, 69, 83, 86, 104
"Rimas"	2	21, 27
"Completar as sentenças"	5	21, 27, 34, 110, 114
Palavras indicando partes da estampa	6	28, 34, 35, 39, 51, 52
Quadros com letras iniciais, palavras e figuras	2	40, 70
"O carteiro e as cartas"	2	49, 54
"Ordenar as palavras em sentenças"	5	53, 57, 69, 91, 104
"Associação"	5	55, 60, 83, 92, 105
"Quadro de recapitulação"	1	61
"Supressão e intercalação"	3	63, 93, 127
"Meus amigos e minhas amigas"	2	79, 114
"Syllabas iniciaes idênticas"	2	80, 81
"Substituição"	3	82, 92, 93
"Separação"	4	99, 100, 109, 110
"Reunião"	3	99, 109, 110
"Perguntas"	3	102, 125, 126
Leitura	3	115, 123, 131
"Agrupando"	1	119
Palavras derivadas	1	128
Formação de palavras com as iniciais da figura	1	129
Total de exercícios	67	

Fonte: *Meu livro: primeiras leituras...* (9ª edição, de 1920)

Os 67 exercícios dessa cartilha estão intercalados entre as historietas e geralmente dão continuidade ao aspecto que foi apresentado na lição anterior, ou seja, partem das sentenças ou palavras apresentadas na lição, propondo, em sua grande maioria, que a criança compreenda o processo de análise das unidades menores (sentença, palavra, sílaba, letra) que constituem a historieta.

O autor da cartilha esclarece que os exercícios não devem ficar reduzidos aos apresentados, "[...] cabendo aos collegas extende-los e multiplica-los no quadro negro" (Moraes, 1920, p.4).

No exercício "Descer e subir a escada", o professor deve colocar cada palavra da sentença em um degrau, com o objetivo de introduzir o processo de análise, de forma agradável, pois: "[...] este exercício agrada muito as crianças e provoca-lhes a emulação, e, assim, todos se esforçam por *subir ou descer* a escada... Aquelle que o consegue escreve o nome no quadro dos 'vencedores'" (ibidem, p.140).

O "exercício de associação" é apresentado quatro vezes ao longo da cartilha. Após o título do exercício, há uma pergunta entre parênteses: "(De que te lembras quando vês o sol... a cidade?)". Abaixo dessa pergunta, há duas estampas representando um sol e uma cidade, seguidas das palavras: "o sol" e de uma coluna com 17 palavras que remetem ao significado da palavra "sol"; e "a cidade", também com uma coluna composta de 17 palavras que remetem ao significado da palavra "cidade".

O exercício de "ordenar as palavras em sentenças" é apresentado, também, por quatro vezes na cartilha. Trata-se de um exercício composto por sentenças desordenadas, separadas em um quadro, as quais as crianças devem ordenar a sentença da forma correta.

Ao final da cartilha, há instruções ao professores, sob o título "Direcção", extraídas do livreto *A leitura analytica*, de Moraes (1909), apresentam-se instruções sobre como utilizar essa cartilha para se obter bom êxito no ensino da leitura. Segundo essas instruções, o professor deve seguir três passos fundamentais para o ensino da leitura:

> 1º) Palestras com os alumnos sobre o texto das doze primeiras lições; 2º) leitura das doze primeiras lições no quadro parietal; 3º) utilização do livro, comprehendendo: a) leitura da sentença; b) fragmentação da sentença; c) rimas e palavras similhantes. (Moraes, 1920, p.137)

Meu livro: segundas leituras... (1910?)

Apesar de não ter localizado a 1ª edição de *Meu livro: segundas leituras...*, pode-se inferir, mediante o conjunto de informações analisadas, que a 1ª edição foi publicada no início da década de 1910, visto que ele foi oficialmente aprovado e adotado em 1913.

Meu livro: segundas leituras... foi publicado pela Typographia Augusto Siqueira & Comp., até a 9ª edição, de 1935 e integrava a Coleção "Caetano de Campos". A partir da 10ª edição, de 1936, até a última localizada, a 40ª, de 1946, passou a ser publicado pela Companhia Editora Nacional.

O exemplar mais antigo que pude recuperar, até o momento, foi da 5ª edição, de 1931, publicada pela Typografhia Augusto Siqueira e Comp., e o exemplar mais recente foi da 40ª edição, de 1946, publicado pela Companhia Editora Nacional. O exemplar da 5ª edição tem o formato retangular de 14 x 19,5 cm, com o total de 202 páginas. Já o exemplar da 40ª edição tem o formato retangular de 13 x 19,5 cm, com o total de 207 páginas (Figura 2).

Figura 2 – Capa da 5ª edição de *Meu livro: segundas leituras...* e da 40ª edição de *Meu livro: primeiras leituras...*

Fonte: Acervo do Instituto de Pesquisas e Estudos Educacionais Professor "Sud Mennucci" (SP) e acervo pessoal da autora

Como se pode observar, a estampa da capa da 5ª edição do livro de leitura é idêntica à capa da 9ª edição da cartilha *Meu livro: primeiras leituras...* e a capa da 40ª edição é idêntica a estampa da 65ª edição dessa cartilha.

Antes de iniciar as lições, há uma nota explicativa a fim de orientar que as palavras marcadas com asterisco estão contidas, em ordem alfabética, na Seção "Léxico", ao final do livro de leitura.

As lições de *Meu livro: segundas leituras...* estão estruturadas da seguinte forma: o título da lição, a estampa, a historieta e os exercícios. Esse livro de leitura contém 62 lições, em que as sentenças das historietas são numeradas, com exceção dos poemas e das duas últimas lições, e vão aumentando gradativamente, conforme as lições vão sendo apresentadas.

O autor de *Meu livro: segundas leituras...* denomina, sem distinção, de historieta todos os gêneros textuais apresentados no livro de leitura. No entanto, as reuni em grupos de acordo com as semelhanças de tema e de estrutura.

São 34 historietas com conteúdo moralizante que podem conter, explicitamente, conselhos de adultos, ensinamentos morais ou apenas instrucionais, como se pode observar em alguns títulos de lições: "Um bom filho"; "Muito Obrigado!"; "Bôa Rosa"; "Bondade para com os animaes"; "A união faz a força"; "O velhaco enganado"; "A esmola"; "Pequeno heroe"; "As melhores recommendações"; "Mãe de alguem"; "Os velhos servidores"; "Que medo!"; "Delicadeza e bom coração"; "O avaro e o macaco" e o "O santo amor de mãe".

Nove são fábulas adaptadas pelo autor do livro de leitura: "O pintinho"; "O menino e as rãs"; "A lebre e a tartaruga"; "A raposa, o gallo e o cão de fila"; "O macaquinho e a noz"; "O doutor e os passarinhos"; "O lobo e o esquilo"; "Dizer e fazer"; "A harpa de pau e a harpa de ouro".

Nove são historietas com conteúdos informativos: "A vacina"; "O trem de ferro"; "Uma companheira inseparável" [sombra]; "Minha cidade"; "Algumas aves brasileiras"; "As estações"; "As arvores"; "Sete de Setembro"; "A bandeira".

Dez são poemas de autores consagrados da literatura, conforme apresento no Quadro 6.

Quadro 6 – Autores e títulos dos poemas apresentados em *Meu livro: segundas leituras...*

Autor	*Poema*	*Quantidade*
D. Zalina Rolim	"Setim" e "Um ninho";	2
Hilário Ribeiro	"A abelha"	1
Bocage	"A cigarra e a formiga"	1
João de Deus	"A enjeitada e a orpha" e Sem título	2
Casimiro de Abreu	"Minha terra" e "Minha mãe"	2
Quintino Bocaiúva	"Innocencias"	1
Gonçalves Dias	"A mangueira"	1
Total		*10*

Fonte: *Meu livro*: segundas leituras de accôrdo com o methodo analytico (5ª edição, de 1931)

No exemplar da 5ª edição de *Meu livro: segundas leituras*... há um total de 148 estampas, entre as quais 139 são em branco e preto e 9 são coloridas.

As estampas estão dispostas, na maioria dos casos, antes da historieta e geralmente representam o conteúdo veiculado na lição. Na maioria delas, há na parte inferior uma sentença representativa do contexto da estampa correspondente, como se fosse uma legenda.

No exemplar da 40ª edição desse livro de leitura, as alterações em relação às estampas foram significativas.

Foram suprimidas 82 estampas e, em consequência disso, o número de estampas ficou reduzido três por lição (na 5ª edição, eram oito), o tamanho e os detalhes das estampas foram reduzidos, as legendas foram suprimidas, em sua grande maioria e não há nenhuma estampa colorida nas lições, com exceção da capa e quarta capa.

Os 85 exercícios de linguagem oral e escrita desse livro de leitura são apresentados ao final de cada lição, podendo variar de um a três exercícios por lição, com exceção de cinco lições, que não apresentam nenhum exercício. A maioria dos exercícios não apresenta uma continuidade em relação à historieta na lição e nem todos apresentam enunciados suficientemente claros para sua execução por parte do aluno.

No Quadro 7, apresento os tipos, quantidades, e páginas dos exercícios apresentados em *Meu livro: segundas leituras...*

Quadro 7 – Tipos de exercício apresentados em *Meu livro: segundas leituras...*

Tipos de exercício	*Quantidade*	*Página*
Formar nomes a partir de letras ou palavras	6	7; 33; 37; 59; 71; 87
Formar palavras novas	3	15; 17; 49
Copiar palavras, sentenças ou cartão	11	9; 11; 29; 46 (2); 64; 77; 80; 89; 108; 157
Completar palavras ou sentenças	25	7; 11; 13 (2); 15; 20; 22; 25 (2); 29; 33; 38; 40; 56; 65; 69; 82; 84; 91; 108; 113; 122; 124; 136; 138
"Calligraphia"	13	13; 20; 37; 40; 49; 59; 61; 64; 106; 122; 129; 141; 145
Ordenar as palavras na sentença	4	17; 27; 38; 54
Formar sentenças a partir de palavras	2	31; 82
Matemáticos	3	35 (2); 97
Separar as sílabas das palavras	1	42
Formar palavras pela supressão de sílaba	1	44
"Que eu posso fazer"	1	61
"Interpretação" de texto	1	62
Reproduzir a historieta	1	130
Responder/escrever/dizer em sentenças ou um cartão	11	64; 69; 73; 87; 89; 91; 108; 121; 128; 148; 157
Escreverpalavrasopostas(antônimos)	2	95; 103
Total	85	

Fonte: *Meu livro: segundas leituras...* (5ª edição, de 1931)

Conforme o Quadro 7, há uma grande quantidade e variedade de exercícios no livro de leitura, porém os mais frequentes são os de "copiar", de "completar" e os de caligrafia.

Após as lições desse livro de leitura, é apresentada uma Seção intitulada "Lexico", para que as crianças busquem a compreensão do significado de palavras e expressões desconhecidas por elas em cada lição. A definição da palavra "léxico" apresentada nesse livro de leitura caracteriza-o como um "s., pequeno dicionário, dicionário abreviado" (Moraes, 1931, p.183). Essa Seção "Lexico" está estruturada de acordo com a ordem alfabética das palavras, sendo composta por 812 palavras, 86 expressões e 10 biografias.

Em relação a muitas dessas palavras, há uma riqueza de informações ou mesmo explicações detalhadas, com informações relacionadas às disciplinas escolares de ciência, história, geografia, portanto, nessa seção apresenta-se algo muito além da classificação gramatical e semântica das palavras.

Em "Léxico", encontram-se significados de palavras e expressões ("a boca cheia"; "a cair de lazeira", "a ver navios", etc.) do cotidiano da época e biografias (de Carlos Gomes; de Casimiro de Abreu; de Dom Pedro II; de Gonçalves Dias; de Irineu Evangelista de Souza – Visconde de Mauá; de Jener – inglês descobridor da vacina; de João de Deus; de José Bonifácio de Andrada e Silva; de Pedro Álvares Cabral, de Quintino Bocaiúva), selecionadas por Theodoro de Moraes, de acordo com cada lição.

Após o "léxico", tem-se a Seção "Indicações Práticas", possivelmente escritas pelo autor, subdividida em quatro partes intituladas: "I – Preparo das lições"; "II – Analyse phonica"; "III – Exercicios escriptos" e "IV – Lexico".

Na parte 1, recomenda-se que o professor prepare a lição antes de apresentá-las aos alunos da classe. Segundo Moraes (1931), o trabalho do professor consiste em: narrar resumidamente a história; ler e explicar a historieta aos alunos, que poderá, se necessário, ocupar um dia todo. No dia seguinte, os alunos prosseguem com a leitura da historieta, lida e explicada anteriormente pelo professor. Em seguida, o autor apresenta uma relação de 11 orientações para o professor no desenvolvimento dos exercícios de leitura no decorrer das lições:

> 1º) Não fazer lêr os alumnos em rotação, na ordem de sequencia em que estejam.
>
> 2º) Não fazer ao alumno perguntas quaesquer emquanto não tiver elle terminado a leitura do paragrapho.
>
> 3º) Exercitar a classe na leitura silenciosa. [...].
>
> 4º) Tomar de vez em quando para base dos exercicios de linguagem oral e escripta os capítulos da leitura. [...].
>
> 5º) Ter na sala de aula livros de leituras accessiveis á classe e que os alumnos não possuam, aproveitando-os para exercicios supplementares [...].

> 6º) Escrever na pedra sentenças que impliquem acções para as crianças executarem [...].
>
> 7º) Desenvolver [...] gradualmente a phrase e ampliar a sentença por meio de suas partes accessorias, de modo que o alumno sinta como todas as unidades se combinam, funccionam e formam um todo ligado pelo sentido. [...].
>
> 8º) Encorajar as crianças a darem suas respostas em sentenças completas. [...].
>
> 9º) Evitar perguntas como estas que de modo algum desenvolvem o poder mental da criança: "O bicho de seda é um...? – Resp.: "Vertebrado" – "Vertebrado?!" "Não. E' um inver... Resp. "Invertebrado".
>
> 10º) Evitar o emprego de synonymos de palavras do texto sem que estas tenham sido dominadas no seu conteudo vital: a idéia. [...].
>
> 11º) Adoptado que seja o methodo promíscuo de chamada, tão conveniente para manter alerta a attenção de toda a classe, pois os alumnos ignoram qual delles será indicado para responder [...]". (Moraes, 1931, p.198)

Na parte 2, o autor busca fundamentar e explicar qual o momento adequado para apresentar às crianças o processo de análise, pois compreende que como "[...] na leitura como em todo o conhecimento humano, é 'pela analyse que a synthese se torna possivel' e 'os successos da segunda são os tropheos da primeira'" (Moraes, 1931, p.200).

Na parte 3, o autor apresenta informações sobre os exercícios escritos, enfatizando que esses exercícios foram elaborados para auxiliar o professor de classes numerosas; enquanto uma seção desenvolve os exercícios de leitura oral, a outra pode se envolver com os exercícios de linguagem escrita.

Na parte 4, apresenta três funções do "pequeno lexico":

> [...] 1ª) serve para o manuseio e pratica do alumno no exercicio indispensavel de tirar significados, fazendo elle, assim, trabalho individual no grangeio de idéas; 2ª) serve para a dosagem e base de varias lições de cousas; 3ª) serve, na maior parte de seus topicos, para exercicios systematicos de dictados, cujos trechos não devem nunca ser tomados a esmo, por que, previamente lidos pelo professor, possa, o assumpto interessar a classe. (ibidem)

A série de leitura graduada *Sei lêr*

Após quase duas décadas sem publicar livros didáticos para crianças, em um momento histórico em que as questões de método deixaram de ser centrais para o ensino da leitura e em outra fase de sua carreira no magistério paulista, com ampla experiência acumulada pelos diferentes cargos que exerceu, Theodoro de Moraes publicou pela Companhia Editora Nacional, em 1928, os livros de leitura graduadas, *Sei lêr: leituras intermediárias* e *Sei lêr: primeiro livro de leitura*, e em 1930, *Sei lêr: segundo livro de leitura*, todos integravam a Série Cesário Mota.[8]

O nome dessa Série homenageia Cesário Motta, grande personalidade no cenário educacional da época. Segundo a biografia escrita pelo professor Antonio d'Ávila, publicada na *Poliantéia comemorativa do 1º centenário do Ensino Normal de São Paulo*, Cesário Motta (1847-1897) foi "Médico, educador, político, por sua terra e por sua gente batalhou o bom combate. Com visão admirável dos problemas humanos [...]" (D'Ávila, 1946, p.86). Sua atuação foi intensa, tendo desempenhado os mais altos cargos na educação paulista:

> [...] trabalhou pelo serviço de estatística e arquivo do Estado; reformou nosso ensino desde o Jardim da Infância à Universidade. Sob sua inspiração, nasceram nossas escolas modelos, complementares e nossos primeiros grupos escolares. Propôs a criação de vinte cursos noturnos no Estado. (ibidem)

Embora nesses três livros de leitura graduada, de Theodoro de Moraes não esteja enunciado que foram elaborados de acordo com os pressupostos do método analítico, como na cartilha e no livro de leitura *Meu livro*, pode-se constatar, a partir das características apresentadas em cada um deles, que estavam de acordo com o referido método.

8 Até o momento, não localizei informações pontuais sobre a Série Cesário Mota, por isso não foi possível afirmar se havia outros livros didáticos que a integravam ou se era composta apenas pelos livros de leitura *Sei lêr*, de Theodoro de Moraes.

Esses livros de leitura circularam amplamente nas escolas primárias de São Paulo e de outros estados do país e tiveram, também, uma permanência para além do momento histórico de publicação das primeiras edições. Os dois primeiros tiveram uma média de 50 edições e o segundo livro chegou a ter 95 edições. Certo é que esses livros de leitura contribuíram para a formação de diferentes gerações de crianças ao longo de quase três décadas.

Possivelmente, o sucesso desses livros de leitura graduada esteja diretamente ligado à figura do professor Theodoro de Moraes, não apenas como mero autor de livros didáticos, mas como professor e autor, ou seja um autor pedagógico, que não aspirava apenas sucesso editorial, mas priorizava em seus livros didáticos a qualidade do ensino. "O nome do autor dispensa qualquer apreciação. *Theodoro de* Moraes é um dos maiores mestres do magistério paulista. Dahi, esta obra utilíssima para o aprendizado da leitura" (Moraes, 1931).

Como informei na introdução deste livro, analiso a configuração textual dos seguintes livros de leitura dessa Série: *Sei lêr: leituras intermediárias* (1ª edição, de 1928 e 38ª edição, de 1943); *Sei lêr: primeiro livro de leitura* (2ª edição, de 1931 e 36ª edição, de 1940); e *Sei lêr: segundo livro de leitura* (21ª edição, de 1936).

Sei lêr: leituras intermediárias (1928)

O livro de leitura *Sei lêr: leituras intermediárias* foi indicado para os alunos do 1° ano do curso primário, provavelmente para ser utilizado após o término das lições da cartilha, tendo sido distribuído nas cidades de São Paulo, Rio de Janeiro, Recife, Bahia e Porto Alegre.

Os exemplares analisados de *Sei lêr: leituras intermediárias* foram o da 1ª edição, de 1928 e o da 38ª edição, de 1943, respectivamente, o mais antigo e o mais recente que pude recuperar (Figura3).

O formato dos dois exemplares é retangular e as estampas das capas foram modificadas. Na 1ª edição, uma menina segura entre as mãos um livro infantil em posição de leitura, como se estivesse lendo-o. Já na 38ª edição, a mesma capa já apresentada em *Meu livro*: primeiras e segundas leituras, editado também pela Companhia Editora Nacional.

Figura 3 – Capa da 1ª e 38ª edições de *Sei lêr: leituras intermediárias*

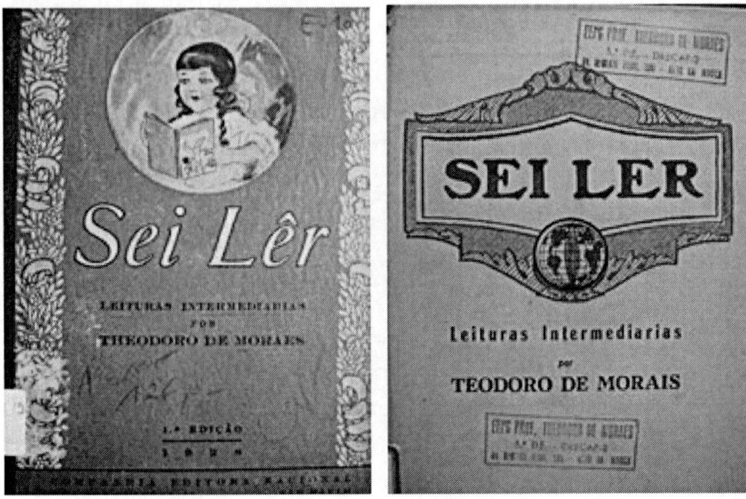

Fonte: Acervo do Instituto de Pesquisas e Estudos Educacionais Professor "Sud Mennucci" (SP) e acervo da Escola Estadual "Theodoro de Moraes" (SP)

Esse livro de leitura é composto por nove unidades, com o total de 55 historietas, que apresentam uma estrutura comum: estampa, título da unidade, título da historieta, historieta e ao final, em destaque, uma sentença ou uma quadra, em letra cursiva, e a estampa pequena de um pássaro.

Cada unidade é dividida em lições que contêm historietas, que podem ou não se referir ao tema da unidade; geralmente, as primeiras lições (numeradas) são historietas ligadas ao tema da unidade.

A maioria dos temas das lições retrata o universo infantil, mediante suas brincadeiras ("As três bonecas", "Partida de Futebol", "Baptisado de boneca") e do contato delas com a natureza ("Ao luar", "Passeio de Cabriolé", "Todos trabalham", "Pequiras", "Pesca de lambaris", "Sob as arvores").

Outra temática bastante recorrente é a de animais que falam e vivem situações de conflito entre o bem e o mal ("A galinha Pedrês", "O sermão de São Coelho"; "O rabo do camondongo", "A guerra dos animaes", "A carriça").

Em algumas unidades e lições são retratadas, também, temáticas religiosas ("Padre nosso", "Jesus" e "Hymno de Amôr", de João de Deus).

Ao final de cada historieta, em destaque, com letras cursivas, há sentenças ou provérbios ou cantigas de rodas ou versos, sem indicação de onde foram extraídos, nem mesmo indicações de como o professor deve utilizá-las, mas provavelmente servem para o treino da leitura oral.

As historietas sempre vêm antecedidas de estampas. Na 1ª edição, de 1928, de *Sei lêr: leituras intermediárias*, há o total de 188 estampas, dessas apenas seis são coloridas. Na 38ª edição foram acrescidas seis estampas.

Há dois tipos de estampas: as que representam as historietas e as que servem de apoio para os exercícios de "cópia ou reproducção de memória".

As estampas que representam as historietas são apresentadas, geralmente, em tamanho grande. Já as estampas para a cópia e a reprodução aparecem dentro de um quadro, em tamanho menor e referem-se a objetos, animais, frutas, brinquedos, meios de transporte.

Após a última historieta, há uma Seção intitulada "Leitura expressiva" em que são apresentadas instruções aos professores, escritas provavelmente pelo autor.

Nessa seção, Moraes (1928) tece breves considerações sobre a urgência de valorizar o "tempo escolar", em um curso primário de quatro anos. Para ele, os objetivos do ensino da leitura expressiva, uma das "[...] disciplinas basilares [...]" (ibidem, p.123) desse curso, devem ser bem definidos. Considera, ainda, que a leitura "[...] é um instrumento de ideação e expressão. É o meio e não o fim. Por ella grangeiam-se idéias e aprende-se a exprimi-las" (ibidem).

Segundo Moraes (ibidem, p.124), "[...] dominar o phonetismo de paginas impressas, articuladas, é perceber com os olhos, é realizar o trabalho mecanico da leitura. Uma decifração e nada mais". O trabalho mental da leitura, porém, consiste em dominar "[...] o sentido de paginas impressas [...]", "[...] commungar com outrem idéas e pensamentos [...]" e "[...] perceber com o espírito [...]" (ibidem).

De acordo com Moraes (1928), o ensino da leitura expressiva, em todos os graus, requer "averiguação" e "preparo" pelo professor com a "colaboração" da classe. Esse preparo consiste em três etapas: "a *leitura-modelo*", a *interpretação* e a *synonymia*" (ibidem, p.124, grifos do autor). Moraes entende, que pela interpretação, "[...] comprehensão *do que vae ser lido* [...]" (ibidem) o aluno descobre fatos e aspectos novos e aumenta o patrimônio de idéias e pensamento e pela synonymia, enriquecimento do vocabulário, o aluno "[...] fortifica o seu poder de expressão" (ibidem).

Fundamentado em alguns conceitos extraídos do livro *Como se aprende a língua*, de Sampaio Dória, Moraes (1928) almejava que o "programma" rompesse com analises do tipo lexicais para eleger analises lógicas, para ensino no 4° ano do curso primário.

Ao final da Seção "Leitura expressiva", Moraes (ibidem, p.125-6) sintetiza, em um esquema, orientações para a condução do ensino da leitura em sala de aula.

> I. *Phase de preparação pelo professor*:
> - summula do capitulo escolhido;
> - interpretação;
> - synomymos e significados (com a collaboração da classe).
>
> II. *Phase de realização pelo professor e alumnos*:
> - leitura-modelo pelo professor;
> - leitura silenciosa pela classe;
> - reproducção, pelo alumno, do trecho que vae lêr;
> - leitura expressiva do trecho antes reproduzido.

Moraes (ibidem, p.126) conclui afirmando que essas orientações não são novas, visto que já vinham sendo, tradicionalmente, utilizadas nas classes de cursos primários e para cada nova historieta deve ser dividido em dois dias de aula "[...] um para a phase de preparação, outro para a de realização".

Sei lêr: primeiro livro de leitura (1928)

O livro de leitura *Sei lêr: primeiro livro de leitura* foi indicado para os alunos do 2° ano do curso primário, tendo sido distribuído nas cidades de Recife, Porto Alegre e nos Estados de São Paulo, Rio de Janeiro, Pará e Bahia.

O exemplar mais antigo que pude recuperar, até o momento, é da 2ª edição, de 1931, publicada pela Companhia Editora Nacional; e o exemplar mais recente é da 36ª edição, de 1940, também publicado pela Companhia Editora Nacional.

Esses exemplares analisados apresentam o formato retangular e as capas com estampas diferentes. Cada unidade de leitura apresenta uma estrutura comum: estampa, número e título da historieta, historieta e um provérbio ou uma quadra ao final da página, em letra cursiva.

No exemplar da 2ª edição de *Sei lêr: primeiro livro de leitura*, de 1931, há o total de 46 estampas em preto e branco e no exemplar da 36ª edição, houve o acréscimo de 13 estampas em preto e branco e as estampas foram modificadas. Os poemas não são acompanhados de estampas, com exceção de "Festa da Bandeira", de Olavo Bilac, que tem uma estampa de uma bandeira em movimento, com diversas crianças ao redor dela. Já o exemplar da 36ª edição, dos 16 poemas, nove apresentam estampas.

Sei lêr: primeiro livro de leitura é composto por 63 historietas, dessas, 16 são poemas, de autores renomados da literatura nacional e de outros autores menos conhecidos. No Quadro 8, apresento o título dos poemas e o nome de seus respectivos autores, conforme a ordem em que aparecem no livro de leitura.

Quadro 8 – Autores e títulos de poemas apresentados em *Sei lêr: primeiro livro de leitura*

Autor	*Poema*	*Quantidade*
Braz Zacanini	"No dia de mamãe" e "A aranha"	2
Paulino de Oliveira	"Ver"; "Ouvir"; "Gostar"; "Palpar" e "Cheirar"; "Somar"; "Subtrair"; "Multiplicar"; "Dividir"	9
Olavo Bilac	"As flores" e "Festa da bandeira"	2
João Köpke	"Sonho"	1
Autor desconhecido	"O café"	1
Casimiro de Abreu	"Meus oito annos"	1
Total		*16*

Fonte: *Sei lêr: primeiro livro de leitura* (2.ed., 1931)

Quarenta e quatro historietas são narradas em primeira pessoa do singular pelo personagem Plínio Soares, um menino de aproximadamente oito anos de idade e retratam sobre sua vida familiar e suas descobertas mediante seu ingresso no grupo escolar.

Três historietas diferem-se das demais apresentadas; são elas: "Quem somos?", um texto de adivinhação; "Os doze mandamentos de Ouro", extraído do "Código do Escoteiro" e o "O leão e o camondongo", uma fábula de Esopo.

Nesse livro de leitura, após as historietas, são apresentados em destaque uma sentença ou um provérbio, ou um quadra ou versos, com exceção de 12 historietas que não apresentam nada ao final. A maioria desses trechos em destaque não é acompanhada da fonte de onde foram extraídos, apenas cinco apresentam a autoria (Olavo Bilac; Vicente de Carvalho; Catullo Cearense; Antonio Peixoto; Guilherme de Almeida). Após a última historieta do livro de leitura, há a mesma Seção "Leitura expressiva" apresentada em *Sei lêr: leituras intermediárias*, com as mesmas instruções aos professores.

Sei lêr: segundo livro de leitura (1930)

Sei lêr: segundo livro de leitura foi indicado para o ensino dos alunos do 3º e 4º anos do curso primário, tendo sido distribuído nos Estados de São Paulo, Rio de Janeiro, Pernambuco e Rio Grande do Sul.

O único exemplar analisado de *Sei lêr: segundo livro de leitura* é da 21ª edição, de 1936, com formato retangular. Após o índice, há uma nota escrita provavelmente pelo autor, dentro de um quadro contendo sugestões para os alunos construírem, em um caderno com 50 folhas aproximadamente, ao longo do ano letivo, um "pequeno diccionario" com as palavras apresentadas no vocabulário.

Cada unidade desse livro de leitura apresenta uma estrutura comum: estampa; título da historieta; historieta; vocabulário e exercícios. Das 103 historietas desse livro de leitura, apenas 65 apresentam estampas referentes à temática da historieta e 38 não são acompanhadas de nenhuma estampa. Todas as estampas são em preto e branco, em tamanho pequeno e sem muitos detalhes. Das 103 historietas, 15 são poemas apresentados no decorrer do livro de leitura, extraídos de livros de renomados autores da literatura, em sua maioria. Apresento no

Quadro 9, o nome dos autores, o título do poema e número de vezes em que cada autor aparece.

Quadro 9 – Autores e títulos de poemas apresentados em *Sei lêr: segundo livro de leitura*

Autor	*Poema*	*Quantidade*
Hilda Penteado de Barros	"O presente da fada" e "Os dois meninos"	2
Anthero de Quental	"Deus e Poesia"	1
Arthur de Azevedo	"Resposta adequada"	1
João de Deus	"A vida"	1
Ricardo Gonçalves	"Chromo"	1
Gonçalves Dias	"Canção do Tamoyo"	1
Casimiro de Abreu	"Deus"	1
Luiz Guimarães	"Visita á casa paterna"	1
Baptista Cepellos	"A Pátria"	1
Thomaz Ribeiro	"A valsa do arcebispo"	1
Olavo Bilac	"Brasil" e "Velhas arvores"	2
Luiz Guimarães Junior	"O Cruzeiro do Sul"	1
D. Pedro de Alcântara	"Terra do Brasil"	1
Total		*15*

Fonte: *Sei lêr: segundo livro de leitura* (21ª edição, de 1936)

Como é possível observar no Quadro 9, a partir dos títulos dos poemas, os temas retratados nesses poemas são diversos, mas há predominância de textos que exaltam o nacionalismo, textos que remetem à questão da religião e textos que apresentam um tom instrucional ou até mesmo moral.

As outras 83 historietas apresentam temáticas ligadas ao universo infantil, de fundo moral, instrucional e informativo.

Após cada unidade, há uma seção de "vocabulário" composto por palavras ou expressões selecionadas da historieta pelo autor. O número de palavras pode variar de quatro a 52, por historieta. Há o total de 2.029 palavras contidas nos vocabulários das unidades do livro de leitura. Como se pode observar, para cada palavra destacada nesse vocabulário, há uma ou mais palavras sinônimas a fim de explicar o sentido daquela.

Nesse livro de leitura, há o total de 109 exercícios. No Quadro 10, apresento os tipos de exercício apresentados nesse livro de leitura.

Quadro 10 – Tipos de exercício apresentados em *Sei lêr: segundo livro de leitura*

Tipos de exercício	*Quantidade*	*Página*
Conjugação	8	14; 19; 56; 78; 104; 116; 178; 259
Leitura de textos	4	14; 82; 165; 184
Cartas	6	17; 21; 23; 53; 110; 125
Completar a historieta ou sentença com palavras	29	29; 30; 31; 33; 36; 38; 50; 60; 63; 66; 68; 80; 85; 88; 99; 106; 116; 120; 134; 177; 187; 193; 201; 204; 207; 211; 215; 237; 280
"Antonymos"	3	34; 47; 254
Identificar as palavras "esdrúxulas"	2	41 (2)
Formar sentenças	6	57 (2); 267; 273; 277; 287
Fazer das "scenas" (estampas) uma história	14	70; 92; 96; 114; 129; 132; 141; 145; 158; 174; 181; 209; 218; 232
Dicionário	2	72; 136
"Hommonymos"	1	74
"Suffixos"; "primitivas" e "derivadas"	10	76; 144; 196; 229; 291; 295; 296; 299; 302; 303
Reproduzir a historia por escrito	3	78; 184; 246
Responder perguntas	1	122
Correção nas sentenças ou texto	8	140; 156; 190; 234; 239; 243; 250; 282
Redação	2	119; 148
Enumeração	1	152
Adjetivos e substantivos abstratos	4	161; 169; 222; 224
"Paronymos"	2	165; 197
Verbos transitivos e intransitivos	2	171 (2)
Grau "positivo", "comparativo" e "superlativo" dos adjetivos	1	272
Total		*109*

Fonte: *Sei lêr: segundo livro de leitura* (21ª edição, de 1936)

A busca pela eficiência no ensino da leitura

Como já informei anteriormente, o método analítico foi institucionalizado nas décadas iniciais do século XX, em especial, nos anos de 1909 e 1910, nas escolas primárias paulistas como o método oficial para o ensino da leitura. Nesse momento histórico, Theodoro de Moraes publicou a cartilha e o livro de leitura *Meu livro*, de acordo com o método analítico. No entanto, diferentemente de seus antecessores, Theodoro de Moraes propõe que o ensino da leitura se inicie pelo conjunto de sentenças sob a forma de historietas.

A historieta consistia em um "[...] conjunto de sentenças, enunciadas pelos alunos a partir do estímulo visual gerado pela observação e fixadas pela memória, que mantém nexos-lógico gramaticais entre si [...]" (Mortatti, 2000a, p.124), e eram presumivelmente escritas pelo autor do livro didático. Como já informei, a historieta também é a unidade de ensino da leitura proposta no documento *Instrucções praticas para o ensino da leitura pelo methodo analytico – modelos de lições* (Directoria Geral da Instrucção Publica, 1914).

Nesse documento oficial, de 1914, são apresentados dois princípios que subjazem a iniciação do ensino da leitura pelo método analítico, mediante o uso de historieta, de acordo com Mortatti (2000a, p.124-5):

> a) *educacionais-pedagógicos* – dois são os fins da educação disciplinar: *disciplinar*, relacionando ao treinamento das faculdades mentais – observação, raciocínio e expressão, raciocínio e expressão de idéias – e *instrutivo*, de acordo com o qual o objetivo do ensino da leitura é "fornecer á criança um poderoso instrumento de aquisição de idéias e pensamentos", mediante a formação do hábito intelectual de leitura da "idéia e os pensamentos que encerram"; e b) *psicológicos-metodológicos* – necessidade de adequação das sentenças à "natural vivacidade do espiritual infantil" e de provocar metodologicamente, com ênfase no sentido da visão e na memorização, o desenvolvimento de seu "espírito de analyse" que permite a passagem da "leitura dos próprios pensamentos à "leitura dos pensamentos de outrem".

Principalmente na cartilha *Meu livro: primeiras leituras...*, a maioria das historietas era composta por sentenças interrogativas, como se o autor estivesse dialogando com o aluno sobre a estampa ou objeto concreto apresentado. No livro de leitura *Meu livro: segundas leituras...*, além de historietas mais complexas são apresentados também 15 poemas, ao que tudo indica, uma tentativa do autor em propiciar, já no 2º ano, textos que auxiliassem os alunos a uma leitura expressiva.

Os temas das historietas, nesses dois livros didáticos, também estão de acordo com os princípios teóricos do método analítico, visto que partem do concreto para o abstrato, do universo conhecido das crianças para o desconhecido, e, também de acordo com os pressupostos do cidadão republicano, deveriam preparar as crianças para uma vida sadia, produtiva e, principalmente, dentro dos preceitos morais da época.

Outro aspecto a ser destacado é que Theodoro de Moraes atribuía grande importância às estampas no processo do ensino da leitura de acordo com os princípios teóricos do método analítico, pois considerava haver associação direta do pensamento com a forma gráfica. Portanto, as estampas não desempenhavam função meramente ilustrativa das historietas do livro didático, mas faziam parte do método analítico, visto que a partir delas ou até mesmo de objetos concretos o professor deveria incentivar as crianças a formular sentenças completas do que observavam. Por esse motivo, *Meu livro* (primeiras e segundas leituras) é composto por uma grande quantidade de estampas.

Razzini (2004, p.4) afirma que a estampa teve um papel fundamental no processo do ensino da leitura, pois:

> Junto com a observação e a experiência, [...] privilegiava a aprendizagem através da ilustração e do desenho. Desta maneira, a imagem tornou-se tão importante quanto o texto na sala de aula, daí a atenção especial que o ensino no desenho ganhou no currículo das Escolas Normais quanto no currículo dos Grupos Escolares.

Os diversos exercícios apresentados nesses dois livros didáticos também desempenhavam função importante no aprendizado da leitura, visto que propiciavam à criança a compreensão do processo de análise das sentenças em partes – palavras, sílabas, letras.

Ao analisar outros aspectos da configuração textual como a atuação de Theodoro de Moraes e o momento histórico, foi possível constatar que o público leitor previsto, especialmente da cartilha *Meu livro: primeiras leituras...*, não era apenas as crianças do 1° ano do curso primário, mas também os professores que ainda não tinham conhecimento e informações suficientes para utilizar esse método. Essa cartilha, portanto, foi escrita provavelmente com duas principais finalidades: para o ensino da leitura às crianças pelo método analítico e para servir como "modelo" aos professores dos grupos escolares que ainda não sabiam como ensinar a leitura por esse "novo e revolucionário" método.

Diferentemente dos livros didáticos publicados por Theodoro de Moraes na década inicial do século XX, os livros de leitura *Sei lêr* não são acompanhados de especificações explícitas de que estão de acordo com o método analítico pois, no momento histórico de publicação de cada um deles, não havia mais a necessidade dessa chancela. No entanto, mediante as características, já apresentadas, pude constatar que eles também foram elaborados de acordo com os princípios do método analítico, defendido por seu autor.

Assim como nos primeiros livros didáticos de Theodoro de Moraes, esses livros de leitura também são bastante ilustrados; no entanto, pode-se observar uma redução significativa na quantidade de estampas, conforme se eleva o ano escolar a que se destina o livro. Pode-se observar essa redução de estampas, por exemplo, no livro *Sei lêr: segundo livro de leitura*, destinado ao 3° e 4° anos do curso primário.

As historietas aumentam, progressivamente, de complexidade estrutural e formal, conforme os alunos vão avançando no nível escolar. As temáticas dessas historietas continuam de acordo com o universo da criança, partindo sempre do conhecido para o desconhecido, e com os objetivos de instruí-las de acordo com bons princípios morais. Mas não são mais estruturadas como em forma de diálogo, com sentenças interrogativas.

Nesses livros de leitura, Moraes também apresenta diversos poemas, intercalados entre as historietas, e introduz uma quantidade maior de versos, quadras, provérbios populares, possivelmente, para que as crianças exercitassem com mais naturalidade a leitura expressiva, sugestionada por esse tipo de texto.

No caso dessas concretizações, também se destaca o pioneirismo de Theodoro de Moraes. Uma vez tornada rotineira, a proposta de Theodoro de Moraes para a concretização do método analítico incorpora-se no saber-fazer de professores e passa a integrar certa tradição, que Theodoro de Moraes mesmo repete em livros didáticos posteriores, da Série *Sei lêr*. A proposta da historieta, porém, lançou raízes na história do ensino da leitura e escrita no Brasil e sua influência, a partir de então, pode ser constatada nas cartilhas e livros de leitura para principiantes publicados ao longo de todo o século XX, e mesmo depois de seus livros terem deixado de ser publicados. A partir dessa proposta de Moraes, perpetua-se um modo de pensar, sentir, querer e agir em relação ao ensino inicial da leitura e escrita, conforme aponta Mortatti (2000b).

4
O método analítico, por Theodoro de Moraes, em seus momentos históricos de publicação e circulação

Principais características educacionais do "2º e 3º momento" na história da alfabetização no Brasil

As primeiras edições dos textos escritos de Theodoro de Moraes, selecionados como *corpus* documental, foram publicadas no âmbito do "2º e 3º momento crucial" da história da alfabetização no Brasil, proposto por Mortatti (2000a) e cujas características principais apresentei sinteticamente na introdução deste livro e retomo aqui detalhando seus principais aspectos.

Com a Proclamação da República no país, instauraram-se novos ideais para a educação, compreendida como elemento central de um projeto redentor da nação,

> [...] como elemento (con) formador dos indivíduos. Potência criadora do homem moral, a educação foi atrelada à cidadania e, dessa forma, foi instituída a sua imprescindibilidade para a formação do cidadão. Articulada com a valorização da ciência e com os rudimentos de uma cultura letrada, ela se apresentava como interpretação conciliadora capaz de explicar os motivos de atraso da sociedade brasileira e apontar a solução para o mesmo. (Souza, 1998, p.26-7)

A partir desses "novos" ideais, os republicanos paulistas iniciaram a implementação de um conjunto de medidas a fim de pôr em prática esse novo projeto da educação, como a reforma da instrução pública paulista, iniciada em 1890, pelo dr. Antonio de Caetano de Campos, que:

> [...] veio oficializar, institucionalizar e sistematizar um conjunto de aspirações educacionais amplamente divulgadas no final do Império brasileiro. Enfeixadas pela filosofia positivista, essas aspirações convergiam para a busca da cientificidade – e não mais o empirismo – na educação da criança e delineavam a hegemonia dos métodos intuitivos e analíticos para o ensino de todas as matérias escolares, especialmente a leitura. (Mortatti, 2000a, p.78)

Segundo Mortatti (ibidem), do ponto de vista didático, a base dessa reforma eram os novos métodos de ensino, em especial o "então novo e revolucionário método analítico para o ensino da leitura". Esse novo método baseava-se na pedagogia norte-americana, que tinha por princípios didáticos uma nova concepção, de caráter biopsicofisiológico da criança.

> É da escola, é do ensino primário, é dos methodos bem entendidos e bem praticados que póde sahir o cerebro da adaptado á conquista da verdade.
>
> É da psycologia da infancia que se deve deduzir o melhor modo de ensina-la, e esse ensino inclue não só a instrucção, que é muito, como tambem o habito de aprender, que é tudo. (Caetano de Campos, 1890 apud Mortatti, ibidem, p.79)

Os principais defensores e propulsores do método analítico integravam uma geração de professores normalistas que:

> [...] após a Proclamação da República, passa – em substituição ao bacharel em Direito – a ocupar cargos na administração educacional, liderar movimentos associativos ao magistério, assessorar autoridades educacionais e produzir material didático e de divulgação das novas idéias, especialmente no que diz respeito ao ensino da leitura. (ibidem, p.78)

A atuação desses normalistas engendrou uma das principais características desse "2º momento": a disputa entre os "mais modernos e modernos", em oposição à disputa no momento anterior, dos "modernos e antigos", em que:

> [...] os grupos de normalistas que se foram formando em torno dos propugnadores da 'nova bussola' passaram, no entanto, a produzir apropriações diferenciadas, gerando-se as disputas em torno do melhor modo de se processar o método analítico para o ensino da leitura. (ibidem, p.82)

Com o "espírito da reforma" de 1890, essa geração de professores foi obrigada a se adequar a novas concepções de ensino e de aprendizagem, sofrendo forte influência da Escola Normal de São Paulo, que se configurou como:

> [...] um polo produtor; propulsor e irradiador das novas ideias pedagógicas, seja mediante o processo de formação – teórica e prática – dos novos professores, seja mediante a posterior atuação dessa geração de normalistas que se assumem como "especialistas". (ibidem, p.85)

Também para Razzini (2004, p.2), São Paulo foi o:

> [...] primeiro estado brasileiro a implementar um sistema público de ensino elementar de massa, fornecendo inclusive modelos e/ou mão de obra especializada para a instalação de sistemas similares de ensino em outros Estados (Espírito Santo, Goiás, Mato Grosso, Paraná, Pernambuco Piauí, Santa Catarina).

Como informei, o método analítico para o ensino da leitura foi introduzido primeiramente na Escola Modelo Anexa à Escola Normal de São Paulo, que deveria funcionar como uma escola de prática de ensino e experimentação dos alunos-mestres da Escola Normal.

Essa escola foi considerada a base da instrução pública. "Esta preciosa instituição vai ser o coração do Estado", afirmou Caetano de Campos, depositando nela toda a esperança de renovação no ensino, à medida

> que, servindo de campo de experimentação dos futuros professores das escolas preliminares, consolidar-se-ia como centro de irradiação da escola renovada. (Souza, 1998, p.40)

No entanto, como afirma Souza (ibidem), essa escola preconizada por Caetano de Campos estava além de ser apenas uma simples escola de prática de ensino, ela deveria ser o modelo de escola primária a ser seguido pelas demais escolas públicas do estado. Sua organização pedagógica tinha como base o método intuitivo, trazendo a concepção da escola graduada.

Além disso, os professores dessas escolas tornaram-se importantes autoridades do ensino: diretores de grupos escolares e responsáveis pela produção e circulação de concepções pedagógicas, por meio da publicação de livros, manuais escolares e artigos na imprensa geral e educacional.

A universalização do ensino primário no final do século XIX era um fenômeno consolidado em muitos países da Europa e principalmente nos Estados Unidos, em que no:

> [...] bojo desse processo, a escola primária foi "(re) inventada": [...] O método individual cedeu lugar ao ensino simultâneo; a escola unitária foi, paulatinamente, substituída pela escola de várias classes e vários professores, o método tradicional dá lugar ao método intuitivo, a mulher encontrou no magistério primário uma profissão, os professores e professoras tornaram-se profissionais da educação. (ibidem, p.29)

Embora mais tardiamente, esse processo de universalização do ensino primário tenha ocorrido no estado de São Paulo, pautado nas experiências educacionais desses países estrangeiros, em particular dos Estados Unidos, como a utilização do método intuitivo, ou "lições de coisas", já a partir das décadas finais do século XIX.

> Vinculada à noção de desenvolvimento econômico e social, a renovação pedagógica tornou-se o símbolo da escola reformada. Dessa forma, o discurso do método opunha-se à escola fundamentada na abstração e na memória. Em seu lugar instituía o método racional que resgatava os ideais de aplicação das leis naturais ao ensino e a educação dos sentidos,

temáticas recorrentes no pensamento pedagógico de Comenius, Rousseau, Basedow, entre outros. (Souza, 2006, p.23)

Outra ação decorrente desse processo de renovação educacional foi a introdução, em 1983, no estado de São Paulo, dos grupos escolares (denominados inicialmente de "escolas centrais" ou "escolas graduadas"), em decorrência de que a "[...] escola primária tornou-se uma das principais divulgadoras dos valores republicanos; por isso, os grupos escolares tornaram-se um símbolo. Era preciso torná-los evidentes, exibi-los, solenizá-los!" (Souza, 1998, p.15-6)

Os primeiros grupos escolares eram espaços urbanos construídos especialmente para agrupar escolas e classes que funcionavam anteriormente separadas, sujeitos a uma hierarquia administrativa e ao controle do Estado. De acordo com Razzini (2004), entre 1890 e 1920 foram construídos na capital e no interior de São Paulo mais de:

> [...] 130 Grupos Escolares e, para a formação de professores, foram implantadas 10 Escolas Normais nas seguintes cidades: São Paulo (Praça da República e Brás), Itapetininga, Pirassununga, São Carlos, Piracicaba, Botucatu, Guaratinguetá, Campinas e Casa Branca. (ibidem, p.2)

A criação desses grupos escolares trouxe profundas mudanças para a escola primária, como símbolo de modernização por que passava o ensino:

> A escola graduada fundamentava-se essencialmente na classificação dos alunos pelo nível de conhecimento em agrupamentos supostamente homogêneos implicando a constituição das classes. Pressupunha também a adoção do ensino simultâneo, a racionalização curricular – controle e distribuição ordenada dos conteúdos e do tempo (graduação dos programas e estabelecimentos de horários), a introdução de um sistema de avaliação, a divisão do trabalho docente e um edifício escolar compreendendo várias salas de aula e vários professores. O modelo colocava em correspondência a distribuição do espaço com os elementos da racionalização pedagógica – em cada sala de aula uma classe referente a uma série, para cada classe, um professor. (Souza, 2006, p.13)

Apesar de toda mudança proclamada nos primeiros anos do regime republicano, de um ensino de bases científicas e modernas, das inúmeras reformas, da introdução sucessiva de escolas públicas, em seus diferentes moldes, tendo sido consideradas modelares para os outros estados do país, eram evidentes as deficiências do ensino público paulista, conforme relato dos depoentes do Inquérito de 1914, publicado no jornal *O Estado de S. Paulo*:

> Criticavam a falta de uniformidade e unidade do ensino público. A formação dos professores era considerada péssima, anarquizada e deficiente, pois, não oferecia preparo pedagógico, não tinha caráter profissional, não se criara uma escola normal rural para a formação dos professores rurais e não vingara o curso normal superior previsto na reforma de 1892. Insistiam na necessidade de valorização do magistério por uma remuneração justa. [...] Destacavam a influência política (o apadrinhamento e o protecionismo) na nomeação de professores e exigiam concursos públicos anuais. Reclamavam da redução da duração do curso primário [de oito anos para quatro] [...]. Reconheciam que a escola primária não cumpria a sua missão, isto é, a conservação e o desenvolvimento do espírito da nacionalidade. O ensino moral e cívico eram insatisfatórios e descuidados. Não deviam se limitar às explicações ou meras leituras morais, mas formar hábitos de conduta moral, formar cidadãos, incutir no espírito e no coração das crianças o amor à pátria. Os livros didáticos deveriam ser escolhidos por concursos ou examinados por quem tivesse competência técnica. (Souza, 2006, p.49-50)

Após a constatação de que o projeto republicano de uma educação popular havia falhado em sua essência, novas metas foram estabelecidas pelas autoridades do ensino, a fim de erradicar, prioritariamente, o analfabetismo no país, visto que a situação era alarmante.

> Os dados levantados pelo recenseamento de 1920, as discussões e os estudos resultantes da conferência sobre o ensino primário de 1921 e o constrangimento que denominou o ambiente espiritual em 1922, quando, ao mesmo tempo que se procurava comemorar o primeiro centenário da independência, pesava sobre a Nação uma quota de 80% de analfabetos – conforme os cálculos da época – transformaram o analfabetismo na

grande vergonha do século, no máximo ultraje de um povo que vive a querer ingressar na rota da "moderna civilização". (Nagle, 1976, p.112)

Segundo Nagle (ibidem, p.99-100), a década de 1920 foi, assim, marcada por um "entusiasmo pela escolarização" e um "otimismo pedagógico", pautados em 'novos' princípios educacionais:

> [...] de um lado, existe a crença de que, pela multiplicação das instituições escolares, da disseminação da educação escolar, será possível incorporar grandes camadas da população na senda do progresso nacional, e colocar o Brasil no caminho das grandes nações do mundo; de outro lado, existe a crença de que determinadas formulações doutrinárias sobre a escolarização indicam o caminho para a verdadeira formação do novo homem brasileiro (escolanovismo). A partir de determinado momento, as formulações se integram: da proclamação de que o Brasil, especialmente nos decênios dos anos vinte, vive uma hora decisiva, que está a exigir outros padrões de relações e de convivências humanas, imediatamente decorre a crença na possibilidade de reformar a sociedade pela reforma do homem, para o que a escolarização tem um papel insubstituível, pois é interpretada como o mais decisivo instrumento de aceleração histórica.

Nesse momento, a escola primária brasileira ocupava uma posição primordial no sistema escolar brasileiro, e seus objetivos, conteúdos e função social foram, pouco a pouco, sendo alterados:

> A tentativa de ampliar, quantitativa e qualitativamente, a influência da escola primária "integral", e o esforço para disseminar o ensino técnico profissional, representam os dois principais núcleos do entusiasmo educacional e, em parte, do otimismo pedagógico. (ibidem, p.116)

O movimento por uma escola com bases "novas", gradativamente, foi ganhando força, mediante a formação de diferentes grupos militantes pela causa educacional no país, caracterizando o complexo movimento que foi denominado de "Escola nova" ou "Escolanovismo".

As bases desse movimento encontram-se no documento *Manisfesto dos pioneiros da Educação Nova*: a reconstrução educacional do

Brasil – ao povo e ao governo (1932), cujos objetivos eram propor ao Estado a organização do aparelho escolar, mediante a estruturação de um plano geral de educação, em que defendiam a escola única, pública, laica, obrigatória e gratuita. Esse documento foi redigido por Fernando de Azevedo e assinado por 26 intelectuais brasileiros, entre os quais Anísio Teixeira, Fernando de Azevedo e Lourenço Filho, considerados por Afrânio Peixoto como "cardeais da educação."[1]

Manoel Bergström Lourenço Filho (s.d., p.32)[2] considerava que as raízes dessa reforma escolar estavam pautadas em duas tendências gerais:

> [...] a primeira caracterizada pela revisão dos *meios de educar* ou, mais precisamente, pela substituição de normas empíricas por outras de maior validade técnica na organização escolar; a segunda, referida à análise dos *fins da escola*, como problemática da educação, ou filosofia educacional.

Para Fernando de Azevedo (1958, p.153), o primeiro "sinal de alarme" dessa renovação escolar foi:

> [...] [a] reforma empreendida em 1920 por Antonio de Sampaio Dória que, chamado a dirigir a instrução pública em São Paulo, conduziu uma campanha contra velhos métodos de ensino, vibrando golpes vigorosamente aplicados à frente constituída pelos tradicionalistas que panos inteiros do muro da antiga escola deviam desmoronar.

1 Os 26 signatários são: Fernando de Azevedo, Afranio Peixoto, A. de Sampaio Doria, Anisio Spinola Teixeira, M. Bergstrom Lourenço Filho, Roquette Pinto, J. G. Frota Pessoa, Julio de Mesquita Filho, Raul Briquet, Mario Casassanta, C. Delgado de Carvalho, A. Ferreira de Almeida Jr, J. P. Fontenelle, Roldão Lopes de Barros, Noemy M. da Silveira, Hermes Lima, Attilio Vivacqua, Francisco Venancio Filho, Paulo Maranhão, Cecilia Meirelles, Edgar Sussekind de Mendonça, Armanda Alvaro Alberto, Garcia de Rezende, Nobrega da Cunha, Paschoal Lemme, Raul Gomes.

2 A 1ª edição do livro *Introdução ao estudo da escola nova* foi publicada em 1929; a citação que utilizo, porém, foi extraída de um exemplar da 7ª edição, sem data.

Ainda para esse autor, as diferentes reformas educacionais efetuadas nos estados brasileiros nesse período são indicativas do ponto culminante desse movimento de renovação escolar, e considera que nenhuma reforma anterior a de 1928:

> [...] imprimiu ao nosso sistema de educação uma direção social, tanto quanto, nacionalista, mais vigorosa, nem levou mais em conta, no conjunto como nos seus detalhes, a função social da escola; nenhuma outra atendeu mais ao enriquecimento interno da escola e ao alargamento de seu raio de ação; nenhuma outra procurou articular mais estreitamente as atividades escolares com a família, com os meios profissionais interessados, com a vida nacional e as necessidades e condições do mundo moderno. (Azevedo, 1958, p.64)

A esse complexo movimento escolanovista diferentes interpretações foram sendo atribuídas pelos estudiosos da história da educação, contemporâneos desse período e posteriores a ele. Embora não seja o objetivo deste capítulo discutir as diferentes interpretações dos sentidos históricos do movimento escolanovista, destaco que as versões produzidas pelos intérpretes que nos são contemporâneos, por exemplo, distanciam-se, muitas vezes, dos discursos produzidos pelos sujeitos de época, em relação aos quais assinalei acima alguns aspectos.

Segundo Vidal, os três "cardeais da educação" propiciaram transformações e consolidação do sistema educacional brasileiro, "[...] quer mediante suas produções em Psicologia, Pedagogia, Sociologia e Filosofia, quer pela participação direta nas políticas públicas, (incluindo aí a criação do MEC, Universidades, Institutos de Educação e a Capes) [...]" no país.

Segundo Carvalho (2003, p.94), esse movimento de renovação educacional foi marcado por um "[...] embate doutrinário no campo pedagógico [que] foi estrategicamente fundamental para católicos e pioneiros na luta pelo controle do aparelho escolar na primeira metade da década de 1930, prolongando-se até o limiar do Estado Novo.

> Coincidindo no intento de normatizar as práticas escolares e de promover uma mudança de mentalidade do professorado que lhes assegurasse

> o controle da orientação doutrinária do sistema educacional, as estratégias dos dois grupos em confronto são, entretanto, bastante diferenciadas. Os *pioneiros* atuaram de modo a enraizar os usos, as expressões educação nova e escola nova nas práticas de reorganização da cultura e da sociedade de que faziam parte as políticas de remodelação da escola e de reforma estrutural do sistema escolar a que se lançavam. Já os *católicos* agiram em direção oposta: procuraram confinar os usos das expressões do campo doutrinário da Pedagogia, de modo a instanciar o discurso pedagógico católico como juiz dos preceitos escolanovistas, evitando que sua introdução nas escolas tivesse o impacto transformador esperado pelos seus adversários. (ibidem, p.95 grifos da autora)

Em relação ao ensino da leitura e da escrita, nesse período da história da educação no Brasil, a questão dos métodos tornou-se relativamente secundária, após a disseminação das "novas e revolucionárias" bases psicológicas da alfabetização, institucionalizadas mediante os *Testes ABC* (1934), de Lourenço Filho, que indicavam a necessidade de medida do nível de maturidade das crianças para esse ensino, a fim de se organizarem classes de 1° ano escolar mais homogêneas, para garantir maior eficácia da alfabetização, já que:

> Os novos fins passam a demandar soluções voltadas para a função socializadora a adaptadora da alfabetização no âmbito da educação popular, a ser realizada de maneira rápida, econômica e eficaz, a fim de integrar o elemento estrangeiro, fixar o homem no campo e nacionalizar a educação e a cultura, ou seja, visando a uma educação renovada, centrada na psicologia aplicada à organização escolar e adequada ao projeto político de planificação e racionalização em todos os setores da sociedade brasileira. (Mortatti, 2000a, p.144)

O método analítico para o ensino da leitura e a "literatura didática"

Como informei, segundo Mortatti (2000a), a utilização mais sistemática do método analítico para o ensino da leitura teve início entre o final da década de 1890 e o início da década de 1900, "[...] baseado especialmente em moldes americanos e utilizado na Escola-Modelo anexa à Escola Normal" (ibidem, p.82), sem ainda grandes disputas. Começaram, então, a ser publicados os primeiros livros de leituras e as primeiras cartilhas escritas por brasileiros e afinadas com esse novo método – o analítico – para o ensino da leitura, caracterizando o início do processo de nacionalização da literatura didática.

Como exemplos desse processo, em 1895, Menezes Vieira teve publicada a 3ª edição revista e ampliada de *O amiguinho de Nhônhô: leitura corrente e expressiva*, pela "Alves e C." Esse livro destinava-se às classes primárias do colégio desse professor.

> Dediquei a esse trabalho alguns momentos de lazer e julgo ter-lhe dado uma feição interessante aos novos leitores. [...] Os professores provectos encontrarão material par ao desenvolvimento adequado ao nível intellectual e moral de seus educandos. Os novéis terão um guia seguro para os primeiros passos em sua delicadissima profissão. (Vieira, 1895, p.5)

Apesar de Menezes Vieira não se referir explicitamente ao método analítico, presumo, pelas semelhanças de conteúdo e forma, que a marcha escolhida para processar esse método era a analítica, centrada no processo de sentenciação e com estrutura similar á que, posteriormente, passou a se denominar "historieta", que era precedida de estampa que a representava e, ao final de cada historieta, eram apresentados exercícios orais e escritos de cunho mais interpretativo.

De acordo com Chamon (2005, p.235), é também nesse momento que a professora Maria Guilhermina Loureiro de Andrade teve publicada sua série graduada de livros de leitura para o curso primário:

> [...] Eram três livros (*Primeiro, Segundo* e *Terceiro*), publicados entre 1894 e 1896, também nos Estados Unidos, pela American Book Company. Dedicados ao ensino da leitura e da escrita, que a autora considerava que deveriam ocorrer simultaneamente, baseavam-se nos processos intuitivos de ensino, ensinando os alunos a ler do todo – sentenças e palavras – para as partes – sílabas e letras [...].

E, segundo Mortatti (2000a, p.87), Maria Guilhermina Loureiro de Andrade parece ter sido a autora da primeira cartilha afinada com o método analítico – *Primeiro livro de leitura* —, baseada no método da palavração.

Depois dessa, Mortatti (ibidem) e Pfromm Neto; Rosamilha; Dib (1974) apontam outras cartilhas baseadas no método analítico, produzidas no início do século XX: *Cartilha das mães* (190?), de Arnaldo de Oliveira Barreto, e a *Cartilha moderna* (1902), de Ramon Roca Dordal. Nesta última cartilha:

> Todas as lições são ilustradas, iniciando-se com palavras referentes às gravuras, sua divisão em sílabas, aparecendo, ao fim da página, frases formadas com essas palavras; e após algumas lições, à página 24, é apresentada uma historieta [...]. (Mortatti, 2000a, p.97)

No *Annuario do ensino do Estado de São Paulo* (1908, p.391), há uma lista de livros que foram indicados para ser "[...] adoptados para o ensino da leitura nos grupos escolares e escolas isoladas", de acordo com o parecer da comissão composta pelos professores Carlos Alberto Gomes Cardim, Theodoro Rodrigues de Moraes e Miguel Carneiro Junior.

Entre os livros escolhidos, havia cartilhas e livros de leituras processados pelo método sintético e analítico. Os livros didáticos que faziam parte do rol das cartilhas e livros de leitura pelo método analítico nesse momento, ao que tudo indica, eram processados pela marcha da palavração, como se pode observar na listagem a seguir:

> Primeiro anno – Cartilhas – Primeiro Grupo – *Primeiro livro de leitura*, D. Maria Guilhermina; *Cartilha das mães*, Arnaldo Barreto; *Cartilha moderna*, Ramon Roca. Segundo Grupo – *Cartilha do lar*; João Pinto e Silva; *Cartilha maternal*, João de Deus; *Cartilha da infância*, Thomaz Galhardo. Terceiro Grupo – *Livros dos principiantes*, Nestor de Araújo, *Arte de leitura*, Luiz Cardoso Franco, *Cartilha nacional*, Hilário Ribeiro; *Cartilha infantil*, Arthur Thiré. Leitura Corrente – Primeiro Grupo – *Primeiro livro de leitura*, João Köpke; *Primeiras leituras*, Arnaldo Barreto; *Segundo*

livro de leitura, Thomaz Galhardo. Segundo Grupo – *Historietas*, João Pinto e Silva; *Segundo livro de leitura* (Scenario infantil), Hilário Ribeiro. Leitura Supplementar – *Novo segundo livro de leitura* (série instructiva), Hilário Ribeiro; *Vida infantil*, Mario Bulcão. (Cardim; Moraes; Carneiro Júnior, 1907-1908, p.391)

Como se pode constatar, no início do século XX, foi-se tornando uma forte tendência a utilização do método analítico para o ensino da leitura, e, em decorrência, foi aumentado a quantidade de cartilhas e livros baseados nesse método e suas diferentes formas de processação. O método analítico para o ensino da leitura, porém, passou a ser institucionalizado somente durante a primeira gestão de Oscar Thompson, na Diretoria da Instrução Pública (1909-1910), tendo sido "[...] adotado em grupos escolares da capital e do interior do Estado, como objetivo de uniformizar esse ensino e consolidar o modelo considerado cientificamente verdadeiro" (Mortatti, 2000a, p.83), como já informei.

Informação semelhante encontra-se em Nagle (1964, p.91-2):

> Por volta de 1911, porém, mais outro dado se acrescenta a essas preocupações, ainda no ensino paulista. Trata-se da introdução do "método de intuição analítica" no ensino da leitura, durante a administração de Oscar Thompson, o que se considerou como procedimento conforme com o princípio decroliano de globalização. Da mesma forma, percebeu-se nesse fato os primórdios da introdução da escola nova em São Paulo. Se juntarmos à introdução do método de intuição analítica a criação, ainda em São Paulo, de laboratórios de psicologia experimental, teremos as realizações mais significativas na progressão para se introduzir mais sistematicamente o ideário da escola Nova no Brasil.

A recomendação feita por Oscar Thompson (in *Annuario do ensino*, 1910, p.9, grifo do autor), quanto à forma de processar o método analítico para o ensino da leitura é evidente:

> Partir do ensino da idea, que emociona e vivamente a creança, para della ir á leitura do juízo ou da sentença, e desta – ao vocábulo, – tal é o encaminhamento natural do methodo, visando incutir desde logo no espírito

do pequenino estudante os actos de associação de idéas, de modo que não pronuncie um só vocábulo, nem externe um único juízo, sem que antes houvesse associado o aspecto geral daquelle á *coisa* que o mesmo significa – e que já impressionára seus sentidos, relacionando, bem assim, o conjuncto geral da sentença escripta á idea respectiva, já commentada, entendida e expressa oralmente em classe. Em resumo: 1º a idea, 2º a sentença, 3º o vocábulo – taes são os três passos capitães do moderno methodo de leitura analytica, de accordo com a marcha natural do espírito humano na investigação da verdade, no estudo e na comprehensão das coisas e dos factos.

Thompson (ibidem, p.10, grifos do autor) exemplifica os motivos de sua preferência pelo processo da sentenciação:

> A mãe que inicia o filhinho no apprendizado da fala não começa o ensino pelos elementos das palavras, mas sim pelo *nome* integral dos objectos. Ainda mais: cada palavra suggere ou tem a força expressiva de um juízo. Assim, si a mãe ensina á criança repetir a palavra *papae*, é para significar: *eis papae! Reconhece pape!* ou *ama pape!* etc. O methodo para o ensino da leitura não pode, pois, andar divorciado da marcha natural com que a creança adquire, associa e externa seus pensamentos.

Portanto, a institucionalização do método analítico para o ensino da leitura estava pautada em sua processação a partir do "todo", que, no entendimento do diretor geral da Instrução Pública, Oscar Thompson, deveria ser a sentença.

Ainda nesse anuário do ensino, Thompson (*Annuario do ensino...*, 1910, p.170, grifos do autor) explica a origem do processo da sentenciação para o ensino da leitura, explicitando que não era inovação, pois:

> E' um dos methodos mais remotos. Comenius, o pae do methodo intuitivo, já o preconizava em seu tempo para o ensino da leitura. Compoz e publicou em 1631 a *Janua linguarum reserata* (A porta das linguas abertas), uma colecção de phrases distribuídas por cem capitulos. Estas phrases em numero de mil, a principio muito simples, muito curtas, em seguida mais longas e mais coplicadas, eram formadas de mil palavras escolhidas entre as mais usuaes e mais uteis.

Confirmando a tendência à hegemonização do método analítico, apesar das disputas envolvendo os defensores dos "antigos métodos sintéticos" após sua institucionalização muitas outras cartilhas e livros de leitura foram publicados de acordo com esse método, mas com variações na forma de processá-lo.

Em 1909, Arnaldo de Oliveira Barreto teve publicada a *Cartilha analytica*, que dedica "*Ao Oscar Thompson*, o mais decidido propagandista, no Estado de São Paulo, do ensino da leitura pelo methodo analytico e *Ao Theodoro de* Moraes, o seu mais fino executor, como preito da mais justa homenagem, offerece o *Arnaldo*" (Barreto, 1926, grifos do autor). Essa cartilha teve o total de 74 edições, tendo sido editada até o ano de 1967 e utilizada em diversos estados brasileiros, como Mato Grosso (Amâncio, 2000, p.176) e Minas Gerais (Campelo, 2007, p.120-3).

O modo de processar esse método proposto por Arnaldo de Oliveira Barreto baseava-se "[...] na 'historieta', considerada o 'todo' a ser 'analisado', gradativa e sequencialmente, até suas 'partes' constitutivas (sentenças, palavras, sílabas, letras), sempre com predomínio da visão do 'todo' e condução por parte do professor" (Bernardes, 2003, p.60); portanto, dialogava diretamente com a cartilha *Meu livro* (1909), de Theodoro de Moraes.

Presumivelmente, em 1910, Antonio Carlos Alberto Gomes Cardim publicou, pela Typ. Augusto Siqueira & Comp., a *Cartilha infantil pelo methodo analytico*, que foi "approvada e adoptada pelos governos dos Estados de S. Paulo e Espírito Santo". Mortatti (2000a, p.101) afirma que: "[...] nela são apresentadas 'historietas', formadas de sentenças relacionadas entre si por meio de nexos sintáticos e contendo as palavras que servirão para análise posterior".

Em 1916, é publicada a *Nova cartilha analytico-synthética* (1916), de Mariano de Oliveira (apud Sobral, 2007, p.36), que, apesar do título indicativo de um método misto, estava, possivelmente, pautada nos princípios do método analítico:

> Provocar, em palestras, a observação dos alumnos de preferência sobre um objeto ou qualquer estampa, levando-s a enunciarem sentenças (cinco ou seis, mas primeiras lições) relacionadas umas com as outras, de modo

que o objeto lógico de uma seja empregado como sujeito da sentença immediata. O todo formará uma pequena história descriptiva do objeto ou da estampa que serviu de assumpto à lição.

Em 1926, Antonio Firmino de Proença publica a *Cartilha Proença* (1926), que, segundo Gazoli (2007), seguiu os dois documentos oficiais expedidos pela Diretoria Geral da Instrução Pública, "*Como ensinar leitura e linguagem nos diversos annos do curso preliminar* (1911) e *Instrucções praticas para o ensino da leitura pelo methodo analytico – modelo de lições* (Directoria Geral da Instrucção Publica, 1914). Nessa *Cartilha de Proença*, o método analítico também é concretizado pela historieta.

As casas publicadoras no mercado editorial de livros didáticos

O aumento no número de cartilhas e livros de leitura deveu-se também ao fato de que, nos momentos históricos de publicação dos textos que integram o corpus documental analisado, o mercado editorial brasileiro estava em plena expansão, inicialmente com as modestas tipografias e depois com o surgimento das modernas editoras.

O corpus documental analisado foi publicado por diferentes casas publicadoras: Typ. do "Diário Official" (SP); Typ. Augusto Siqueira & C.; Typ. Siqueira, Nagel & Comp. (SP); Editora Gordinho, Braune & Co. (SP); e Companhia Editora Nacional (SP).

Embora não tenha encontrado nenhum estudo pontual sobre as duas tipografias e sua história, pude constatar, durante o processo de localização das fontes documentais para a pesquisa de que resultou este livro, uma quantidade significativa de publicações por essas tipografias, em especial, pela Typ. Augusto Siqueira e a Typ. do "Diario Official", num largo espaço de tempo, o que confirma sua relevância no país, até as décadas iniciais do século XX. Quanto à editora Gordinho, Braune & Co., até o momento, porém, não localizei nenhuma informação.

Entre o final do século XIX e o início do século XX, o mercado editorial brasileiro ainda estava em desenvolvimento, e ainda era pequena a quantidade de livros escritos por autores brasileiros, destinados a crianças.

Para os estudiosos da história do livro e da leitura no Brasil, é fato atestado que o Brasil dos anos 1920 ainda:

> [...] não oferecia as melhores condições para a indústria do livro: país de poucos leitores; oficinas tipográficas antiquadas e sem tecnologia suficiente para a edição de livros; baixo investimento no ramo das edições; alto preço dos livros; circulação restrita; edições pouco atraentes, pouca publicidade. (Dutra, 2004, p.4)

Além desses problemas havia, também, o problema das cobranças de altos impostos sobre o papel brasileiro:

> Bom ou ruim, qualquer papel fabricado no Brasil teve, por muitos anos, preço sensivelmente mais alto (sem contar as taxas alfandegárias) do que o importado. A grande queda de taxa de câmbio em 1930-31 reduziu a diferença, mas não chegou a eliminá-la. Além dos empecilhos costumeiros à industrialização num país em desenvolvimento com mercado limitado, a indústria de papel dependia quase totalmente de celulose importada. [...] Mesmo vinte anos mais tarde, em 1955, as fábricas de papel brasileiras ainda importavam cerca de 120.000 toneladas: 48% de suas necessidades. (Hallewell, 2005, p.352)

Essas condições alteraram-se com a "abertura" de algumas editoras como a Melhoramentos e a Companhia Editora Nacional, esta fundada em 1925 por Octales Marcondes e José Bento Monteiro Lobato. Como enfatiza Edgard Cavalheiro (apud Dutra, 2004, p.3, grifos do autor), em um texto comemorativo intitulado "Pequena história de uma grande editora", publicado em São Paulo, em 1957:

> [...] *a Companhia Editora Nacional, em 1926, entrava no mercado.* [...] A tremenda crise de 30 abalou-a, como a todos os demais negócios do País, mas o timoneiro era firme, soube manter o barco á proa, a tormenta passou, os empreendimentos iniciados prosseguiram em ritmo cada vez mais intenso. *Coleções Populares, surgiram. Novos métodos de venda fo-*

ram inaugurados. Milhares de, milhões de volumes inundaram as capitais, as cidades e os vilarejos do interior. O livro didático, antes feio, inestético, contrário a todas as normas pedagógicas, adquiriu feição moderna, passou a emparelhar-se, graficamente falando, aos melhores do mundo. Coleções sérias de exaustivos estudos, ou de audaciosas interpretações, abriram novas perspectivas aos nossos estudiosos. O escritor brasileiro encontrou editor que se aventurava a tiragens de 20 a 30 mil exemplares. [...] Os métodos comerciais eram os mais modernos – e a experiência com a venda de livros a prestações foram iniciadas.

Ainda segundo Dutra, junto com os investimentos tecnológicos e os novos métodos comerciais, teve-se o gradativo desaparecimento dos antigos artífices impressores, dando lugar a uma impressão anônima, nas empresas comerciais de impressão. A Companhia Editora Nacional foi pioneira na separação entre trabalho gráfico e trabalho de edição.

> A criação da Companhia Editora Nacional [...] vai ser herdeira de um projeto, de inspiração iluminista, acalentado por setores da intelectualidade republicana brasileira dos anos 10 e 20 [do século XX], dos quais Lobato foi integrante, e que convencidos de que o país além de pouco alfabetizado era "alérgico aos livros", contavam em civilizar a nação, através do poder pedagógico e transformador do livro. (Dutra, 2004, p.6)

Hallewell (2005, p.354-5) confirma esse entusiasmo de Lobato com a produção da Editora Nacional, que, cada vez mais, especializava-se em livros voltados para a Educação, em especial obras didáticas, influenciado pelo movimento da Escola Nova:

> Um exame detalhado da produção da Editora Nacional, em 1933, pode dar uma idéia da proporção entre os diversos tipos de livros. Dos 1192 000 exemplares produzidos naquele ano, 467 mil eram títulos educacionais, 429.500 de livros para crianças – dos quais perto de noventa mil de obras de Lobato – e 107 de literatura popular ligeira.

Com a finalidade de "inundar o país de livro" como sonhava Monteiro Lobato, um dos seus fundadores, a Companhia Editora Nacional, valeu-se de uma fórmula editorial marcada por sucesso no mundo e no Brasil, as coleções, vistas como:

> [...] uma expressão material da política de popularização da leitura, e também da especialização profissional e divisão de trabalho no campo editorial, uma vez que demandava políticas de acervos editoriais e reforçava o papel estratégico do editor, que se tornava um especialista responsável tanto pela definição de um perfil, ao decidir pelo critério de reunião, ou de seleção de obras, de uma coleção – seja pelas compilações de autores sobre um mesmo tema; em obras de um mesmo gênero ou destinação reunidas em série, ou, compartilhando traços materiais uniformes, como cor, logotipo, tamanho – quanto pelo direcionamento da atuação da editora para determinadas faixas do mercado de livros. (Dutra, 2004, p.6)

Valendo-se dessa nova fórmula editorial, a Companhia Editora Nacional publicou, a partir da década de 1930, inúmeras coleções e séries. A cartilha *Meu livro: primeiras leituras* e o livro de leitura *Meu livro: segundas leituras*, de Theodoro de Moraes, integram a Coleção Caetano de Campos, e os livros de leituras graduadas *Sei lêr* integram a Série Cesário Mota.

Como informei no Capítulo 3 deste livro, esses livros didáticos tiveram um número elevado de tiragens e de exemplares, já nas décadas de 1910, 1920 e 1930 evidenciando a expansão da indústria e do mercado livreiro no Brasil.

Também como já informei, a 1ª edição da cartilha *Meu livro: primeiras leituras...* foi publicada em 1909, por Augusto Siqueira & Comp.,. e a partir da 23ª edição, de 1936 até a última, a 70ª edição, de 1950, a cartilha foi publicada pela Companhia Editora Nacional, que comprou seus direitos de publicação.

No Quadro 11, apresento as edições por ano e o número de exemplares por edição, dessa cartilha, a partir da 27ª edição, de 1936, pela Companhia Editora Nacional, uma vez que não foi possível obter informações sobre as edições anteriores publicadas pela Typographia Augusto Siqueira & Comp. e pela Salles Oliveira.

Quadro 11 – Edições, anos e tiragens de *Meu livro: primeiras leituras...*

Edição	*Ano*	*Número de exemplares por tiragem*
27ª a 28ª	1936	10.000
29ª a 34ª	1937	30.000
35ª a 38ª	1938	20.000
39ª a 42ª	1939	20.000
43ª a 46ª	1940	20.000
47ª a 50ª	1941	20.000
51ª a 54ª	1942	20.000
55ª a 58ª	1944	20.000
59ª a 62ª	1946	20.000
63ª a 66ª	1949	20.000
67ª a 70ª	1950	20.000
Total		*220.000*

Fonte: Acervo da Companhia Editora Nacional (Ibep) (SP)

Conforme os dados apresentados no Quadro 11, pode-se observar que a cartilha *Meu livro: primeiras leituras...* teve sucessivas edições, totalizando 220 mil exemplares publicados pela Companhia Editora Nacional. Esses dados permitem inferir que essa cartilha foi amplamente utilizada, desde a sua 1ª edição, em 1909, até 1950, ano da última edição localizada. Além disso, observa-se que a média de edições por ano é de três a quatro, com uma tiragem de 5 mil exemplares por edição, com exceção do ano de 1937, que teve seis edições.

Meu livro: segundas leituras... foi publicado pela Typographia Augusto Siqueira & Comp., até a 9ª edição, de 1935. A partir da 10ª edição, de 1936, até a última localizada, a 40ª, de 1946, passou a ser publicado pela Companhia Editora Nacional.

No Quadro 12, apresento as edições por ano e com o número de exemplares por edição desse livro de leitura, a partir da 10ª edição, de 1936, pela Companhia Editora Nacional, uma vez que também não foi possível obter informações sobre as edições anteriores publicadas pela Typographia Augusto Siqueira & Comp. e pela Salles Oliveira.

Quadro 12 – Edições, anos e tiragens de *Meu livro: segundas leituras...*

Edição	*Ano*	*Número de exemplares por tiragem*
10ª a 17ª	1936	30.000
18ª a 19ª	1937	10.000
20ª a 21ª	1938	10.000
22ª a 26ª	1939	25.000
27ª a 32ª	1940	30.000
33ª	1942	10.000
34ª a 38ª	1944	20.000
Total		*135.000*

Fonte: Acervo da Companhia Editora Nacional (Ibep) (SP)

Conforme os dados apresentados no Quadro 12, pode-se observar que o livro de leitura *Meu livro: segundas leituras...* teve sucessivas edições, totalizando 135 mil exemplares publicados pela editora Companhia Editora Nacional. Esses dados permitem inferir que esse livro de leitura foi amplamente utilizado, desde a sua 1ª edição, possivelmente em 1910, até 1946, ano da última edição localizada.

Sei lêr: leituras intermediárias foi publicado, desde sua 1ª edição, em 1928 até a última, em 1950, pela Companhia Editora Nacional.

No Quadro 13, apresento as edições desse livro por ano e com o número de exemplares por tiragem, a partir da 8ª edição, de 1934, uma vez que não foi possível localizar a tiragem das sete edições anteriores.

Quadro 13 – Edições, anos e tiragens, de *Sei lêr: leituras intermediárias*

Edição	*Ano*	*Número de exemplares por tiragem*
8ª a 9ª	1934	10.000
10ª a 17ª	1935	40.000
18ª a 24ª	1936	36.000
25ª a 26ª	1937	8.000
27ª a 34ª	1938	17.000
35ª a 37ª	1939	15.000
38ª a 39ª	1940	10.000
40ª a 42ª	1941	15.000
43ª a 44ª	1942	15.000
45ª a 47ª	1944	15.000
48ª a 50ª	1946	15.000
51ª a 53ª	1950	15.000
Total		*211.000*

Fonte: Acervo da Companhia Editora Nacional (Ibep) (SP)

Como se pode observar no Quadro 13, esse livro de leitura teve mais de 50 edições, totalizando 211 mil exemplares, pela Companhia Editora Nacional, com uma média de três a quatro edições por ano.

Sei lêr: primeiro livro de leitura foi publicado desde sua primeira edição, em 1928, até a sua última, em 1949, também pela Companhia Editora Nacional.

No Quadro 14, apresento as edições por ano e com o número de exemplares por edição desse livro de leitura, a partir da 7ª edição, de 1934, uma vez que não foi possível localizar as tiragens dos exemplares anteriores.

Quadro 14 – Edições, anos e tiragens de *Sei lêr: primeiro livro de leitura*

Edição	*Ano*	*Número de exemplares por tiragem*
7ª a 9ª	1934	10.000
10ª a 14ª	1935	25.000
15ª a 19ª	1936	27.000
20ª a 25ª	1937	24.000
26ª a 31ª	1938	30.000
32ª a 34ª	1939	15.000
35ª a 36ª	1940	10.000
37ª a 39ª	1941	15.000
40ª a 43ª	1943	15.000
44ª a 45ª	1945	10.000
46ª a 48ª	1946	15.000
49ª a 51ª	1949	15.000
Total		*211.000*

Fonte: Acervo da Companhia Editora Nacional (Ibep) (SP)

Como se pode observar no Quadro 14, *Sei lêr: primeiro livro de leitura* teve sucessivas edições, totalizando 211 mil exemplares, entre a 7ª e a 51ª edição, pela Companhia Editora Nacional, com uma média de três a quatro exemplares por ano.

Sei lêr: segundo livro de leitura foi publicado desde sua primeira edição, em 1930, até a última, em 1956, também pela Companhia Editora Nacional.

No Quadro 15, apresento as edições por ano e com o número de exemplares por edição desse livro de leitura, a partir da 11ª edição, de 1934, uma vez que não foi possível localizar a tiragem das edições anteriores.

Quadro 15 – Edições, anos e tiragens de *Sei lêr: segundo livro de leitura*

Edição	*Ano*	*Número de exemplares por tiragem*
11ª a 15ª	1934	28.000
16ª a 19ª	1935	20.000
20ª a 38ª	1936	100.000
39ª a 41ª	1937	18.000
42ª a 45ª	1938	20.000
46ª a 50ª	1939	25.000
51ª a 55ª	1940	24.000
56ª a 62ª	1941	33.000
63ª a 67ª	1942	27.000
68ª a 70ª	1943	15.000
71ª a 73ª	1944	15.000
74ª a 76ª	1946	12.000
77ª a 80ª	1947	19.000
81ª a 87ª	1948	35.000
88ª a 91ª	1951	20.000
92ª a 93ª	1954	10.000
94ª a 95ª	1956	10.000
Total		*431.000*

Fonte: Acervo da Companhia Editora Nacional (Ibep) (SP)

Como se pode observar no Quadro 15, esse livro de leitura teve sucessivas edições até a 95ª, de 1956, totalizando mais de 431 mil exemplares, pela Companhia Editora Nacional, com uma média de cinco edições por ano, com destaque para o ano de 1936, com 19 edições publicadas.

Com relação aos aspectos editoriais desses textos publicados por Theodoro de Moraes, é possível formular questões, que, certamente, não poderão ser respondidas aqui, uma delas se refere ao motivo da passagem das edições dos livros didáticos de Theodoro de Moraes da Typografia Augusto Siqueira & C. para a Companhia Editora Nacional.

Quanto às alterações ocorridas nessas publicações com a mudança de casa publicadora, mediante a análise das diferentes edições desses livros didáticos, pude constatar que as mais significativas ocorreram nas estampas apresentadas e em aspectos ortográficos de acordo com a norma oficial do momento de publicação. Como não há menção a ilustradores em nenhum dos livros didáticos de Theodoro de Moraes, é possível perguntar se as estampas apresentadas eram escolhidas/importadas/desenhadas pelo autor ou pelo editor e se, neste último caso, passavam pelo crivo do autor, uma vez que faziam parte do método analítico e não se tratava de aspecto puramente gráfico e acessório.

O pioneirismo de Theodoro de Moraes

Mesmo já havendo, no final do século XIX e no início do século XX, livros de leituras baseados no método analítico escritos por brasileiros, o diretor da Escola Normal de São Paulo, Oscar Thompson, em 1904, ao regressar de sua viagem aos Estados Unidos, trouxe consigo a moderna cartilha analítica, *Cartilha de Arnold*, que foi vertida para o português, em 1907, por Manuel Soares de Ornellas.

Presumo que Oscar Thompson devia conhecer os livros de leitura de Maria Guilhermina, com a qual teve contato enquanto foi aluno da Escola Normal de São Paulo, de 1889 a 1891, e, assim mesmo, mostrou-se entusiasmado com a *Cartilha de Arnold*. Possivelmente, esse encantamento de Thompson pela cartilha americana tenha se devido a sua proximidade com a professora *Miss* Browne e seus ensinamentos da pedagogia norte-americana, conforme afirma Gonçalves (2002, p.57):

> Ao concluir o curso normal, em 1891, Oscar Thompson foi um dos professores indicados por Miss Browne, assumindo o cargo de professor-adjunto na Escola do Carmo anexa à Escola Normal em março de 1892. Segundo as memórias de Rodrigues (1930), o jovem Thompson torna-se discípulo de Miss Márcia Priscila Browne.

Ou talvez sua opção por essa cartilha, tenha se devido apenas ao modo de processar o método analítico para o ensino da leitura, que, no caso dessa cartilha, estava mais próximo da historieta.

Foi nos moldes da *Cartilha de Arnold* e baseado em um plano adotado por Thompson que Theodoro de Moraes elaborou a cartilha *Meu livro: primeiras leituras* (1909) que, como informei, foi considerada a primeira cartilha analítica brasileira. É possível considerar que a inovação da cartilha *Meu livro: primeiras leituras...* (1909), em relação aos já existentes livros didáticos pelo método analítico de autores brasileiros, estava no modo de processar esse método, pois nessa cartilha o "todo" era considerado o "conjunto de sentenças", ou "historietas". Isso não quer dizer que Theodoro de Moraes tenha criado, propriamente, esse método; ele apenas o concretizou em sua cartilha, pioneiramente, no Brasil,

Outras cartilhas baseadas no método analítico dialogam diretamente com o método defendido e concretizado por Theodoro de Moraes. Entre elas, destaco especialmente as cartilhas de Barreto (1909), Cardim (1910?) e Oliveira (1916), por serem recorrentemente citados ao lado da cartilha de Moraes (1909), e a de Proença (1926), que, apesar de ter sido publicada em uma década posterior, também estabelece diálogo com as cartilhas que a antecederam.

Um primeiro aspecto a ser destacado é que a *Cartilha analytica* (1909) de Barreto foi publicada no mesmo ano que a cartilha *Meu livro: primeiras leituras...*, de Moraes, e ambas estavam de acordo com os princípios do método analítico e a historieta era a unidade de estudo. Sendo assim, qual o motivo de a cartilha de Theodoro de Moraes ter sido considerada a primeira cartilha analítica brasileira e não a de Arnaldo de Oliveira Barreto? Seria, realmente, a proximidade de Moraes com o diretor geral da Instrução Pública, Oscar Thompson? Quais as diferenças entre essas cartilhas? O fato de Barreto dedicar sua cartilha a "*Oscar Thompson*, o mais decidido propagandista, no Estado de São Paulo, do ensino da leitura pelo methodo analytico e *Ao Theodoro de* Moraes, o seu mais fino executor, como preito da mais justa homenagem [...]", seria realmente apenas uma homenagem ou uma estratégia para legitimar a sua cartilha de acordo com as prescrições oficiais?

Ao final do exemplar da 27ª da *Cartilha analytica* (Barreto, 1926) é apresentada uma Seção intitulada "Modelo de lições", transcrição adaptada do documento oficial *Instrucções praticas para o ensino da leitura pelo método analytico – modelo de lições* (Directoria Geral da Instrucção Publica, 1914). Após a explicação dos cinco passos para o ensino da leitura, os autores desse documento oficial aconselham que se passe para a leitura de *Meu livro,* de Theodoro de Moraes. Segundo Barreto (1926, p.100), "Esta recommendação foi feita porque na occasião era o *Meu livro* o que mais se aproximava da orientação das Instrucões".[3]

Embora a cartilha de Moraes tenha sido expressamente recomendada, em diferentes momentos, é importante destacar que, comparativamente à cartilha de Moraes, a *Cartilha analytica*, de Barreto (1909), teve número de edições, permanência e circulação maiores nos estados de Mato Grosso e Minas Gerais.

A Cartilha infantil pelo methodo analytico, de Cardim (1910?), e a *Nova cartilha analytico-synthética*, de Mariano de Oliveira (1916), aparecem inúmeras vezes citadas como as melhores cartilhas analíticas. Em 1918, essas três cartilhas são eleitas pela comissão avaliadora da Diretoria Geral da Instrução Pública dos livros didáticos para o ensino da leitura como as melhores cartilhas analíticas existentes, como já informei.

A *Cartilha Proença*, de Antonio Firmino Proença (1926), foi elaborada de acordo com os dois documentos oficiais que normatizaram esse método no estado de São Paulo; portanto, de certa forma dialoga com a cartilha de Moraes, signatário de um desses documentos. No prefácio dessa cartilha, Proença informa que não teve pretensão de originalidade e cita os trabalhos dos professores Theodoro de Moraes, Mariano de Oliveira, Arnaldo de Oliveira, Benedicto Tolosa, Gomes Cardim e Francisco Vianna.

Outro aspecto a ser destacado é a permanência duradoura das edições dos livros didáticos de Theodoro de Moraes até o ano de 1956, com um número de tiragens significativas para o momento histórico em questão.

3 Nesse trecho, Barreto refere-se ao documento oficial *Instrucções praticas para o ensino da leitura pelo método analytico – modelo de lições* (Directoria Geral da Instrucção Publica, 1914). Na condição de signatário desse documento, por que Barreto indica a cartilha de Theodoro de Moraes e não a sua *Cartilha analytica*, também publicada, em 1909, e baseada no processo da historieta? Embora essa questão seja bastante intrigante, como não é objetivo central de minha investigação discuti-la, deixo-a apenas registrada também como possibilidade para fecundas e importantes investigações futuras.

O encerramento da publicação das edições dos livros didáticos de Theodoro de Moraes, em 1956, pode estar ligado a dois fatos principais: sua morte nesse mesmo ano e a publicação, em 1957, de a cartilha *Upa! Cavalinho,* de Lourenço Filho, considerada como uma inovação no ensino da leitura e publicada pela Melhoramentos, editora de destaque no ramo de livros didáticos, a partir da década de 1920.

Mediante a análise da configuração textual do *corpus* documental, posso afirmar que a atuação do professor Theodoro de Moraes e sua produção escrita, no que se refere ao ensino da leitura pelo método analítico, foi pioneira no plano da sistematização, normatização e concretizações desse método, que tiverem uma perenidade ao longo de seu momento histórico, como nas décadas posteriores, talvez porque Theodoro de Moraes tenha sido um homem afinado com as urgências sociais, políticas, culturais e educacionais de seu tempo, muito mais preocupado em propor um ensino da leitura que remediasse as taxas de analfabetismo no país, mediante o ensino da leitura a crianças, adolescentes e adultos, do que em participar das acirradas disputas que ocorriam em sua época em torno do melhor método para esse ensino e em propor trabalhos originais, como ele mesmo afirma:

> Esta mania, vá de passagem, é até uma grande criminosa; a ella, a querer descobrir cousas novas ao sol, devemos mais um desastre em materia didactica. Porque, tagantados por essa *blassée,* o que fazemos é sempre obra de casquinha, laião do muito ordinario. Publicam-se todos os annos, no extrangeiro, milhares de livros escolares, de todos os generos e para todos os graus. Seria, pois, difficil que, oppondo-se a nossa concorrencia, viessemos dar, aqui pelo nosso cantinho, com veios ainda não explorados. Pagariamos caro a presumpção, e o que é peior, evitariamos o contacto dos nossos alumnos com essas paginas admiraveis da livraria escolar de outros paizes, tão rica e variada. (Moraes, 1917, p.116)

Considerações finais

Neste livro resultante de minha pesquisa de mestrado, focalizei a proposta para o ensino da leitura pelo método analítico defendida pelo professor paulista Theodoro Jeronymo Rodrigues de Moraes, conforme apresentada nos textos que integram o *corpus* documental escolhido para análise.

No desenvolvimento das diferentes etapas da pesquisa, não foram poucas as dificuldades, decorrentes das características da pesquisa histórica e de minhas próprias limitações como pesquisadora em formação e pela difícil tarefa de aprender a ser autora e sujeito de um discurso acadêmico científico.

Localizar, recuperar, reunir, selecionar e ordenar as esparsas informações sobre os momentos da vida e da atuação profissional do professor Theodoro de Moraes foram tarefa árdua para esta pesquisadora, pois as informações, nesse caso, não estavam reunidas em biografias, dicionários de autores ou revistas pedagógicas, mas foram sendo pouco a pouco sendo localizadas em diferentes fontes documentais. Seguir indícios que, ora me aproximavam de Theodoro de Moraes, ora me distanciavam dessa minha tarefa, foi um grande desafio, que exigiu paciência e determinação. Ainda assim, muitas lacunas sobre a vida, formação escolar e atuação profissional de Theodoro de Moraes não foram preenchidas, e, em alguns momentos (por ausência de outras fontes), vi-me obrigada a recorrer, conscientemente e a despeito de todos os riscos, às informações relatadas pelo próprio Theodoro de Moraes (1917).

Destaco ainda que, embora tenha indicado em todos os capítulos as transformações decorrentes dos diferentes "climas de época", considero que também não foi possível contemplar com maior profundidade essas questões que influenciaram o momento de publicação das fontes documentais analisadas, assim como de sua duradoura circulação e utilização na formação de diferentes gerações de brasileiros.

Além dessas dificuldades, muitas outras foram surgindo no decorrer da pesquisa, como a de analisar com o mesmo grau de detalhamento todos os textos do extenso *corpus* documental. Por esse motivo, muitas vezes, não consegui inter-relacionar todos os diferentes sentidos de cada um dos textos, nem sempre tendo conseguido estabelecer entre eles os diálogos possíveis e necessários, deixando muitos aspectos importantes apenas indicados, pois poderão vir a ser investigados mais cuidadosamente, em um momento mais oportuno.

Ressalto que a versão desse aspecto da história produzida por mim neste livro é apenas uma, entre as muitas possíveis, e as lacunas que constato propiciam, também, outras leituras possíveis, considerando que meu objetivo não era esgotar esse tema, mas compreender um importante momento da história do ensino da leitura e escrita no Brasil, a fim de contribuir, singelamente, para a produção dessa história.

Apesar disso, considero que a análise da configuração textual do *corpus* documental permitiu avançar na compreensão dos diferentes aspectos constitutivos de seu sentido: necessidades e finalidades a que respondiam, características do autor e dos leitores a quem se destinavam, condições históricas e sociais de produção e aspectos temáticos, conteudísticos, estruturais e formais.

Para nortear essa análise, formulei questões que propiciassem compreender como se "tematizava", "normatizava" e "concretizava" o método analítico para o ensino da leitura defendido por Theodoro de Moraes, no *corpus* documental eleito. E, a partir da busca de respostas a essas questões, pude confirmar a relevância da atuação desse professor no "2º e 3º momento" da história da alfabetização em São Paulo e a influência que exerceu sobre diferentes gerações de professores, em especial alfabetizadores, e alunos do curso primário por mais de três décadas.

Embora a face mais visível da atuação de Theodoro de Moraes, no magistério paulista, seja a concretização do método analítico nos livros didáticos destinados ao ensino da leitura a crianças, é importante destacar que esse professor atuou, pioneiramente, ao lado do diretor geral da Instrução Pública, Oscar Thompson, para a institucionalização do método analítico para o ensino da leitura no estado de São Paulo, especialmente, mediante: a aplicação prática desse método nas aulas ministradas na Escola Modelo Isolada, considerada "modelo" aos professores dos grupos escolares que ainda não sabiam como ensinar a leitura por esse "novo e revolucionário" método; a sistematização dos princípios teóricos desse método no livreto *A leitura analytica* (1909); a normatização desse método no documento oficial *Como ensinar leitura e linguagem...* (1911) e sua concretização em cinco livros didáticos destinados ao ensino da leitura ao curso primário.

Portanto, a tematização, a normatização e as concretizações do método analítico defendido por Theodoro de Moraes ocupam um lugar pioneiro na história do ensino da leitura no Brasil, com permanência além de seu momento histórico de publicação, em decorrência do fato de seu autor ter buscado fundamentar e sistematizar, cientificamente, o uso do método analítico para esse ensino, para, posteriormente, normatizar a utilização desse método para uniformizar esse ensino e concretizá-lo em seus livros didáticos, a fim de buscar garantir a eficiência do ensino da leitura e escrita, em resposta às urgências políticas, sociais, culturais e educacionais do momento em que viveu.

As considerações e reflexões apresentadas até aqui permitem, por fim, afirmar que a atuação do professor Theodoro de Moraes e sua produção escrita representam sua incansável e pioneira defesa do método analítico para o ensino da leitura, no âmbito das "tematizações", "normatizações" e "concretizações" relativas a esse ensino, tanto nas primeiras décadas do século XX, quanto nas décadas posteriores. A permanência de sua produção escrita por mais de quatro décadas é indicativa também da importância desse professor e de sua produção escrita na história do ensino da leitura as crianças no Brasil.

Apesar de todas as limitações, espero que este livro possa contribuir para uma maior compreensão de aspectos ainda pouco explorados na história da alfabetização no Brasil, em especial, em relação à pioneira atuação do professor Theodoro de Moraes e sua proposta para esse ensino.

Referências

ALMEIDA JÚNIOR, A. A formação pedagógica e o treino. In: ROCCO, S. (Org.). *Poliantéia comemorativa do 1º centenário do Ensino Normal de São Paulo (São Paulo: 1846-1946)*. São Paulo: Gráfica Bréscia, 1946. p.1-16.

AMÂNCIO, L. N. de B. Ensino de leitura na escola primária no Mato Grosso: contribuição para o estudo de aspectos de um discurso institucional no início do século XX. Marília, 2000. Tese (Doutorado em Educação) – Faculdade de Filosofia e Ciências, Universidade Estadual Paulista (Unesp) (v.1, 264f; v.2 Apenso, 155f.).

______. Cartilhas de ensino de leitura e escola primária em Mato Grasso no início do século XX. In: PERES, P.; TAMBARA, E. (Orgs.). *Livros escolares e o ensino da leitura e da escrita no Brasil (séculos XIX-XX)*. Pelotas: Seiva, 2003.

______. *Ensino de Leitura e grupos escolares:* Mato Grosso, 1910-1930. Mato Grosso: Editora UFMG, 2008.

ANNUARIO DO ENSINO do Estado de São Paulo. Livros Didacticos. São Paulo: Typographia do "Diário Official", 1908.

______. São Paulo: Typographia do "Diário Official", 1910.

______. Instrucções aos Snrs. inspectores escolares. São Paulo: Typ. Siqueira, Nagel & Cia., 1911-1912.

______. Um padrão de livro didático. São Paulo: Typ. Siqueira, Nagel & Cia, 1918.

AZEVEDO, F. de. *A cultura brasileira:* introdução ao estudo da cultura brasileira (tomo terceiro: A transmissão da cultura). 3.ed. São Paulo: Melhoramentos, 1958.

AZEVEDO, F. de et al. Manifesto dos Pioneiros da Educação Nova (1932). In: GHIRALDELLI JUNIOR, P. *História da educação brasileira*. 2.ed. São Paulo: Cortez, 2006, p.226-50.

BARBOZA, A. C. C. *Cartilha do operário*: alfabetização de adolescentes e adultos em São Paulo (1920-1930). São Paulo, 2006. 217f. Dissertação (Mestrado em Educação) – Faculdade de Educação, Universidade de São Paulo.

BARRETO, A. de O. *Cartilha analytica*. 27.ed. Rio de Janeiro: Livraria Francisco Alves, 1926.

BARRETO, A. de; STOTT, J. *Palestras sobre o ensino por Francis Parker*. Campinas: Typ. Livro Azul, 1909. (Col. Bibliotheca Pedagogica).

BATISTA, A. A. G. Um objeto variável e instável: textos, impressos e livros didáticos. In: ABREU, M. (Org.). *Leitura, história e história da leitura*. Campinas: Mercado de Letras/ALB; São Paulo: Fapesp, 1999, p.529-75.

BERNARDES, V. C. *Um estudo sobre* Cartilha analytica, *de Arnaldo de Oliveira Barreto (1869-1925)*. Marília, 2003. 67 f. Trabalho de Conclusão de Curso (Licenciatura em Pedagogia) – Faculdade de Filosofia e Ciências, Universidade Estadual Paulista (Unesp).

______. Um estudo sobre *Cartilha analytica*, de Arnaldo de Oliveira Barreto (1869-1925). *Revista de Iniciação Científica da FFC*, Universidade Estadual Paulista (Unesp). v.8, n.1, p.1-17, 2008.

BERTOLLETTI, E. N. M. *Cartilha do povo e Upa, cavalinho!*: o projeto de alfabetização de Lourenço Filho. Marília. 1997. 129f. Dissertação (Mestrado em Educação) – Faculdade de Filosofia e Ciências, Universidade Estadual Paulista (Unesp).

______. *Lourenço Filho e a alfabetização*: um estudo de *Cartilha do Povo* e da cartilha *Upa, cavalinho!* São Paulo: Editora Unesp, 2006.

BIOGRAFIA DO NOSSO PATRONO. E. E. "Theodoro de Moraes". (texto digitado).

BITTENCOURT, C. M. F. Disciplinas escolares: história e pesquisa. In: OLIVEIRA, M. T.; RANZI, S. M. *História das disciplinas escolares no Brasil*: contribuições para o debate. Bragança Paulista: Edusf, 2003.

______. Autores e editores de compêndios e livros de leitura (1810-1910). *Educação e Pesquisa*, São Paulo, v.30, n.3, p.475-91, set.-dez. 2004.

BOTO, C. Nova história e seus velhos dilemas. *Revista USP*. São Paulo, n.23, p.23-33, set.-nov. 1994.

BRASLAVSKY, B. P. *Problemas e métodos no ensino da leitura*. São Paulo: Melhoramentos; Edusp, 1971.

CAMPELO, K. G. H. da R. *Cartilhas de alfabetização:* subsídios para a compreensão da história da alfabetização mineira (1930-1945). 142f. Belo Horizonte, 2007. Dissertação (Mestrado em Educação) – Faculdade de Educação da Universidade Federal de Minas Gerais (UFMG).

CAPOVILLA, F. C. *Os novos caminhos da alfabetização infantil.* São Paulo: Memnon, 2005.

CAPOVILLA, F. C.; CAPOVILLA, A.; *Alfabetização:* método fônico. São Paulo: Memnon, 2007.

CARDIM, C. A. G.; MORAES, T. R. de; CARNEIRO JÚNIOR, M. Livros didacticos. In: *Annuario de ensino do Estado de São Paulo,* 1907-1908.

CARNEIRO et al. *Como ensinar leitura e linguagem nos primeiros annos do curso preliminar.* São Paulo: Siqueira, Nagel & Comp., 1911.

CARVALHO, M. M. C. de. Antonio Sampaio Doria. In: FÁVERO, M. de L. de A.; BRITTO, J. de M. (Orgs.). *Dicionário de educadores no Brasil:* da Colônia aos dias atuais. Rio de Janeiro: UFRJ, MEC-Inep, 1999.

______. *A escola e a república e outros ensaios.* Bragança Paulista: Edusf, 2003. (Col. Estudos CDAPH, Série Historiografia)

CATANI, D. B. *Educadores à meia luz:* um estudo sobre a *Revista de Ensino* da Associação Beneficente do Professorado Público de São Paulo (1902-1918). Bragança Paulista: Edusf, 2003.

CIDADE DE AMPARO, Amparo, 18 mai. 1899.

______. Amparo, 28 jun. 1899.

______. Amparo, 30 mar. 1902.

CHAMON, C. S. *Maria Guilhermina Loureiro de Andrade:* a trajetória profissional de uma educadora (1869-1914). Belo Horizonte, 2005. 138f. Tese (Doutorado em Educação) – Universidade Federal de Minas Gerais (UFMG).

CHARTIER, R. *A história cultural entre práticas e representações.* Trad. M. Manuela Galhardo. Lisboa: Difel; Rio de Janeiro: Bertrand Brasil, 1990.

CHOPPIN, A. História dos livros e das edições didáticas: sobre o estado da arte. *Educação e Pesquisa,* v.30, n.3, p.549-66, set.-dez. 2004.

COLEÇÃO DAS LEIS E DECRETOS do Estado de São Paulo. *Diário Oficial,* São Paulo, 1904, p.154.

COSTA, E. V. da C. *Da monarquia à republica:* momentos decisivos. 8.ed. rev. e ampliada. São Paulo: Editora Unesp, 2007.

D'ÁVILA, A. Cesário Motta. In: ROCCO, S. (Org.). *Poliantéia comemorativa do 1º centenário do Ensino Normal de São Paulo (São Paulo: 1846-1946).* São Paulo: Gráfica Bréscia, 1946.

DIETZCH, M. J. M. *Alfabetização:* propostas e problemas para uma análise do seu discurso. São Paulo, 1979. 122f. Dissertação de Mestrado (Instituto de Psicologia) – Universidade de São Paulo (USP).

DIRECTORIA GERAL DA INSTRUCÇÃO PUBLICA. *Instrucções praticas para o ensino da leitura pelo methodo analytico – modelos de lições*. São Paulo: Typografia do Diário Official, 1914.

DUTRA, E. de F. *Companhia Editora Nacional:* tradição editorial e cultura nacional. In: SEMINÁRIO BRASILEIRO SOBRE LIVROS E HISTÓRIA NO BRASIL, 1, 2004, Rio de Janeiro, *Anais*... Disponível em: <www.livroehistoriaeditorial.pro.br/>. Acesso em: 4 out. 2006.

EDUCAÇÃO. São Paulo, v.6, p.155-8. jun.1934.

FLEURY, L. G. Afranio Peixoto e Edmondo de Amicis. *Revista de Educação*. São Paulo, v.17 e 18, n.17-8, p.15-6, mar.-jun.1937.

GAZOLI, M. R. *O método analítico para o ensino da leitura em* Cartilha Proença *(1926), de Antonio Firmino de Proença*. Marília, 2007. 92f. Monografia (Trabalho de Conclusão de Curso de Pedagogia) – Faculdade de Filosofia e Ciências – Universidade Estadual Paulista (Unesp).

GHIRALDELLI JUNIOR, P. *História da educação brasileira*. 2.ed. São Paulo: Cortez, 2006.

GINSBURG, C. *O queijo e os vermes:* o cotidiano e as ideias de um moleiro perseguido pela Inquisição. Trad. Maria Betânia Amoroso. São Paulo: Companhia de Bolso, 2006.

GONÇALVES, G. N. *A trajetória profissional e as ações de Oscar Thompson sobre a Instrução Pública em São Paulo (1889-1920)*. São Paulo, 2002. 121f. Dissertação (Mestrado em Educação) – Pontifícia Universidade Católica de São Paulo (PUC-SP).

GRISI, R. O ensino da leitura: o método e a cartilha. *Educação*. São Paulo, v.32, p.36-90, jul.-dez. 1944.

HALLEWELL, L. *O livro no Brasil:* sua história. 2.ed. São Paulo: Edusp, 2005.

HARRIS, T. L.; HODGES, R. E. (Orgs.). *Dicionário de alfabetização:* vocabulário de leitura escrita. Trad. Beatriz Viégas-Faria. Porto Alegre: Editora Artmed, 1999.

HILSDORF, M. L. S. *Francisco Rangel Pestana:* jornalista, político, educador. São Paulo, 1986. Tese (Doutorado) – Faculdade de Educação, Universidade de São Paulo (USP).

JAMES, W. *Palestras pedagógicas*. Trad. Theodoro de Moraes. Typographia Augusto Siqueira & C., 1917.

KÖPKE, J. *A leitura analytica*. São Paulo: Typ. a vapor de Hennies Irmãos, 1896. (Conferência feita a 1 de março de 1896, no Instituto Pedagógico Paulista)

______. O ensino da leitura pelo methodo analytico. *Educação.* v.33, n.46-7, p.115-52, jan.-jun. 1945.

LE GOFF, J. *História e memória.* 5.ed. Trad. Bernardo Leitão et al. Campinas: Editora da Unicamp, 2003.

LEITE, S. A. da S. *Alfabetização:* um projeto bem-sucedido. São Paulo: Edicon, 1982.

______. *Alfabetização e fracasso escolar.* São Paulo: Edicon, 1988.

______. Alfabetização: repensando uma prática. *Leitura: Teoria & Prática,* Campinas, n.19, p.21-7, 1992.

______. (Org.). *Alfabetização e letramento:* contribuições para as práticas pedagógicas. Campinas: Komedi, 2001.

______. O processo de alfabetização escolar: revendo algumas questões. *Perspectiva,* Florianópolis, v.24, n.2, p.449-74, jul.-dez. 2006

LIVRO DE PONTO. Grupo Escolar "Luis Leite", Amparo, 1925.

LOURENÇO FILHO, M. B. *Introdução ao estudo da Escola Nova.* 7.ed. São Paulo: Edições Melhoramentos, s.d.

LUZURIAGA, L. *Diccionario de pedagogia.* Buenos Aires: Losada, 1960.

MACIEL, F. I. P. *Lúcia Casasanta e o método global de contos:* uma contribuição à historia da alfabetização em Minas Gerais. Belo Horizonte, 2001. 179f. Tese (Doutorado em Educação) – Faculdade de Educação, Universidade Federal de Minas Gerais (UFMG).

MAGNANI, M. do R. M. *Os sentidos da alfabetização:* a "questão dos métodos" e a constituição de um objeto de estudo (São Paulo – 1876-1994). Presidente Prudente, 1997. 389f. Tese (Livre-Docência em Metodologia do Ensino de 1° Grau: Alfabetização) – Faculdade de Ciências e Tecnologia, Universidade Estadual Paulista (Unesp).

MARSON, A. Reflexões sobre o procedimento histórico. In: SILVA, M. A. da. (Org.). *Repensando a história.* Rio de Janeiro: Marco Zero, 1984.

MEDEIROS, V. A. *Antonio de Sampaio Dória e a modernização do ensino em São Paulo nas primeiras décadas do século XX.* São Paulo, 2005. 335f. Tese (Doutorado) – Pontifícia Universidade Católica de São Paulo (PUC-SP).

MELLO, L. C. *Dicionario de autores paulistas.* São Paulo: [s.n.], 1954. (Comissão do 4° Centenário da cidade de São Paulo).

MELLO, M. C. de O. *Um estudo sobre o pensamento construtivista de Emilia Ferreiro sobre a alfabetização.* Marília. 2003. 172f. Dissertação (Mestrado em Educação) – Faculdade de Filosofia e Ciências, Universidade Estadual Paulista (Unesp).

______. *Emilia Ferreiro e a alfabetização no Brasil:* um estudo sobre a psicogênese da língua escrita. São Paulo: Editora Unesp, 2007a.

______. *A alfabetização na imprensa periódica educacional paulista (1927-1943).* Marília, 2007b. 239 f. Tese (Doutorado em Educação) – Faculdade de Filosofia e Ciências, Universidade Estadual Paulista (Unesp).

MESQUITA, J. de. O capitão-mór André Gaudie Ley e a sua descendência: ensaio de reconstituição histórico-genealógico. *Revista do IHMT*, Cuiabá, ano 4, tomo 8, 1922.

MESSENBERG, C. G. Um estudo sobre *Na Roça:* cartilha rural para alfabetização rápida (1935), de Renato Sêneca Fleury (1895-1980). Marília, 2008. 78f. Trabalho de Conclusão de Curso (Licenciatura em Pedagogia) – Faculdade de Filosofia e Ciências, Universidade Estadual Paulista (Unesp).

METHODOS DE ENSINO. Trad. Theodoro de Moraes. *Revista de Ensino*, São Paulo, ano 10, n.3, p.25-8, dez.1911.

MORAES, A. X. O livro *Sei ler. Educação*, São Paulo, v.9/10, p.227, mar.-jun. 1935.

MORAES, T. de. O Grande Marechal. *Correio do Amparo – Folha Diaria*, 29 jun. 1900.

______. Orthographia pratica. *Revista de Ensino*, São Paulo, ano 1, v.1, n.2, p.247-55, jun. 1902a.

______. O velho mestre: ao professor Arnaldo Barreto. *Revista de Ensino*, São Paulo, v.1, ano 1, n.4, p.741-4, out. 1902b.

______. História de um grillo. *Revista de Ensino*, São Paulo, ano 2, n.1, p.43-5, abr. 1903.

______. O "João de Barro" e o tuim. *Revista de Ensino*, São Paulo, ano 2, n.6, p.568-70, fev. 1904.

______. *A leitura analytica*. São Paulo: Typographia do "Diario Official", 1909a.

______. Leitura analytica. *Revista de Ensino*, São Paulo, ano 8, n.1, p.17-20, mar. 1909b.

______. Comenius. *Revista de Ensino*, São Paulo, ano 10, n.3, p.43-5, dez. 1911a.

______. Relatórios apresentados pelos inspectores escolares ao Exm. Sr. Dr. Secretario do Interior, em 1911. In: *Annuario do ensino do Estado de São Paulo*. São Paulo: Typ. Siqueira, Nagel & C., 1910-1911c.

______. O que os hábitos valem para o educador. *Revista de Ensino*, São Paulo, ano 10, n.3, p.53-62, dez. 1911b.

______. Necessitamos de "classes preparatórias" annexas aos grupos escolares, *Excelsior!* (Escola Normal de São Carlos). São Paulo: Casa Graphica, n.3, p.6-8, fev. 1913.

______. *Sansões...:* no ensino e para o ensino. São Paulo: Pocai, 1917.

______. *Cartilha do operário:* para o ensino da leitura, pela processuação do methodo analytico, aos adolescentes e adultos. São Paulo: Typ. Siqueira, 1918.

______. *Meu livro:* primeiras leituras de accôrdo com o methodo analytico. 9.ed. São Paulo: Augusto Siqueira & Comp., 1920.

______. *Meu livro:* primeiras leituras de accôrdo com o methodo analytico. 14.ed. São Paulo: Augusto Siqueira & Comp., 1926.

______. *Sei lêr: leituras intermediárias.* São Paulo: Companhia Editora Nacional, 1928a.

______. Escolas Normaes Livres. *Educação,* São Paulo, v.4, n.2/3, ago.-set. 1928b, 148-53.

______. *Leituras do operário:* para escolas profissionaes, lyceus e cursos nocturnos. São Paulo: Typ Siqueira, Salles Oliveira Rocha e Cia, 1928c.

______. Cooperação. *Educação,* São Paulo, v.10, n.2, p.167-72, fev. 1930.

______. *Meu livro:* segundas leituras de accôrdo com o methodo analytico. 5.ed. São Paulo: Typ. Augusto Siqueira & Comp., 1931.

______. *Sei lêr:* primeiro livro de leitura. 2.ed. São Paulo: Companhia Editora Nacional, 1931.

______. Santos Dumont. *Educação.* São Paulo, v.11, n.12, p.127-30, dez. 1932.

______. *Sei ler:* segundo livro de leitura. 21.ed. São Paulo: Companhia Editora Nacional, 1936.

______. *Sei ler:* primeiro livro de leitura. 36.ed. São Paulo: Companhia Editora Nacional, 1940.

______. *Sei lêr:* leituras intermediárias. 38.ed. São Paulo: Companhia Editora Nacional, 1943.

______. A leitura analítica. *Educação,* São Paulo, v.33, n.46/47, jan.-jun. 1945.

______. *Meu livro:* segundas leituras de acôrdo com o método analítico. 40.ed. São Paulo: Companhia Editora Nacional, 1946.

______. *Meu livro:* primeiras leituras de acôrdo com o método analítico. 65.ed. São Paulo: Companhia Editora Nacional, 1948.

MORAES, T. de; BARRETO, A. de O.; DORDAL, R. R. *Festa das aves.* São Paulo: Typografhia Diário Official, 1911.

MORTATTI, M. do R. M. João Köpke. In: FÁVERO, M. de L. de A.; BRITTO, J. de M. (Orgs.). *Dicionário de educadores no Brasil:* da Colônia aos dias atuais. Rio de Janeiro: UFRJ, MEC-Inep, 1999.

______. *Os sentidos da alfabetização:* (São Paulo, 1876-1994). São Paulo: Editora Unesp, 2000a.

______. Cartilha de alfabetização e cultura escolar*:* um pacto escolar. *Cadernos Cedes,* ano19, n.52, p.41-54, nov. 2000b.

______. Entre o ideal e o usual: a *Didática mínima,* de Rafael Grisi. *Revista Brasileira de Estudos Pedagógicos,* Brasília, v.82, n.200-2, p.15-25, 2001.

______. *Ensino de língua e literatura no Brasil:* repertório documental republicano. Marília, 2003. (digitado)

______. *Educação e letramento.* São Paulo: Unesp, 2004. (Coleção Paradidáticos; Série Educação)

______. Letrar é preciso, alfabetizar não basta... mais?. In: SCHOLZE, L.; ROSING, T. (Orgs.). *Teorias e práticas de letramento.* Brasília: Inep; Passo Fundo: Editora UFPF, 2007, p.155-68.

______. A "querela dos métodos" de alfabetização no Brasil: contribuições para metodizar o debate. *Revista ACOALFAplp – Acolhendo a Alfabetização nos Países de Língua Portuguesa,* São Paulo, ano 3, n.5, 2008a. p.91-113. Disponível em: <http://www.acoalfaplp.net>. Publicado em: set. 2008a. Acesso em 19 set. 2008.

______. Notas para uma história da formação do alfabetizador no Brasil. *Revista Brasileira de Estudos Pedagógicos,* Brasília, v.89, n.223, p.467-776, 2008b.

______. (Org). *Alfabetização no Brasil:* uma história de sua história. São Paulo; Marília: Cultura Acadêmica; Oficina Universitária, 2011.

NAGLE, J. Introdução da escola nova no Brasil (antecedentes). In: ______. *Boletim:* cadeira de Teoria Geral da Educação. Faculdade de Filosofia, Ciências e Letras da Unesp, *campus* de Araraquara, 1964, p.80-108.

______. *Educação e sociedade na primeira república.* São Paulo: EPU; Rio de Janeiro: Fundação Nacional de Material Escolar, 1976.

O COMMERCIO DE S. PAULO. A musica e o canto coral, seu ensino pelo methodo analytico. *Revista de Ensino,* São Paulo, ano. 12, n.2, p.34-40, jun. 1913.

O CONCEITO DE LEITURA. Trad. Theodoro de Moraes. *Revista de Ensino,* São Paulo, ano 10, n.3, p.65-73, dez. 1911.

OLIVEIRA, C. R. G. A. de. *As séries graduadas de leitura na Escola Primária Paulista (1890-1910).* Araraquara, 2004. 167f. Dissertação (Mestrado em Educação) – Faculdade e Ciências e Letras, Universidade Estadual Paulista (Unesp).

OLIVEIRA, C. R. G. A. de; SOUZA, R. F. de. As faces do livro de leitura. *Cadernos Cedes,* ano 19, n.52, nov. 2000.

ORIANI, A. P. *Relatório científico final (julho a dezembro de 2008).* Marília, 2009. 25f. Relatório científico (Fapesp). Faculdade de Filosofia e Ciências, Universidade Estadual Paulista (Unesp).

PANIZZOLO, C. *João Köpke e a escola republicana:* criador de leituras, escritor da modernidade. São Paulo, 2006. 358f. Tese (Doutorado em Educação: História, Política, Sociedade) – Pontifícia Universidade Católica de São Paulo (PUC-SP).

PASTOR, R. Como ensinar a ler pelo método analítico. *Educação*, São Paulo, v.32, p.94-106, jul.-dez. 1944.

PEREIRA, B. C. *Um estudo sobre* Meu livro *(1909), de Theodoro de Moraes*. Marília, 2006a. 72 f. Trabalho de Conclusão de Curso (Licenciatura em Pedagogia) – Faculdade de Filosofia e Ciências, Universidade Estadual Paulista (Unesp).

______. *Bibliografia* de *e* sobre *Theodoro de Moraes*: um instrumento de pesquisa. Marília, SP, 2006b. (digitado)

______. *Bibliografia* de *e* sobre *Theodoro de Moraes*: um instrumento de pesquisa. Marília, SP, 2008. (digitado)

______. *Prescrições para ensinar a ensinar leitura e escrita na Escola Normal de São Paulo*: circulação de saberes pedagógicos Brasil/França (1874-1889). Marília, 2013. Tese (Doutorado em Educação) – Universidade Estadual Paulista.

PFROMM NETO, S.; ROSAMILHA, N.; DIB, C. Z. Cartilhas, gramáticas, livros de texto. In: ______. *O livro na educação*. Rio de Janeiro: Primor/INL, 1974.

POPPOVIC, A. M. *Alfabetização*: disfunções psiconeurológicas. São Paulo: Vetor, 1968.

______. *Alfabetização*. 2.ed. São Paulo: Vetor. 1975

______. *Pensamento e linguagem*: programa de aperfeiçoamento para professores de primeiras séries. São Paulo: Abril Cultural, 1980.

______. *Programa alfa um*. 8.ed. São Paulo: Abril, 1984.

RAZZINI, M. de P. G. *A livraria Francisco Alves e a expansão da escola pública em São Paulo*. In: SEMINÁRIO BRASILEIRO SOBRE O LIVRO E HISTÓRIA NO BRASIL, 1, 2004, Rio de Janeiro, *Anais*... Disponível em: <www.livroehistoriaeditorial.pro.br/>. Acesso em: 4 out. 2006.

______. Produção de livros didáticos e expansão escolar em São Paulo (1889-1930). In: CONGRESSO BRASILEIRO DE HISTÓRIA DA EDUCAÇÃO, 4, 2006, Goiânia. *Anais... A educação e seus sujeitos na História*, Goiás: Pontifícia Universidade Católica, 2006. p.1-10. Disponível em: <http://www.sbhe.org.br/novo/congressos/cbhe4/individuais-coautorais/eixo03/Marcia%20de%20Paula%20Gregorio%20Razzini%20-%20Texto.pdf>. Acesso em: 17 nov. 2008.

RIBEIRO, R. *Um estudo sobre* A leitura analytica *(1896), de João Köpke*. Marília, 2001. 66f. Trabalho de Conclusão de Curso (Licenciatura em Pedagogia) – Faculdade de Filosofia e Ciências, Universidade Estadual Paulista (Unesp).

______. Um estudo sobre *A leitura analytica* (1896), de João Köpke. *Revista de Iniciação Científica da FFC*, Universidade Estadual Paulista (Unesp), v.5, n.1-3, p.12-29, 2005.

RODRIGUES, J. L. R. *Livro jubilar da Escola Normal da Capital:* contendo a relação completa dos diplomados de todos os institutos congeneres do Estado de 1876 a 1929. São Paulo: Instituto D. Anna Rosa, 1930.

SANTOS, L. G. dos. *Um estudo sobre* Cartilha da infancia *(188?), de Thomaz Galhardo.* Marília, 2008. Trabalho de Conclusão de Curso (Licenciatura em Pedagogia) – Faculdade de Filosofia e Ciências, Universidade Estadual Paulista (Unesp).

SANTOS, M. de O. Um olhar sobre as instituições escolares militares brasileiras do fim do século 19 ao início do século 20. *Revista Brasileira de Estudos Pedagógicos*, Brasília, v.88, n.219, p.310-30, maio-ago. 2007.

SHELDON, E. A. *Lições de cousas.* Trad. Theodoro de Moraes. Typographia Augusto Siqueira & C., 1917.

SILVA, E. C. da. *O professor ideal em* Excelsior! *(1911-1916):* a revista dos alunos da Escola Normal de São Carlos. Marília, 2006. 107f. Trabalho de Conclusão de Curso (Licenciatura em Pedagogia) – Faculdade de Filosofia e Ciências, Universidade Estadual Paulista (Unesp).

SOARES, M. B. *Alfabetização no Brasil:* o estado do conhecimento. Brasília: MEC/Inep/Reduc, 1989.

SOARES, M. B.; MACIEL, F. *Alfabetização.* Brasília: MEC/Inep/Comped, 2000. (Série Estado do Conhecimento).

SOBRAL, P. de O. *Um estudo sobre* Nova cartilha analytico-synthética (1916), de Mariano de Oliveira. Marília, 2007. 65f. Trabalho de Conclusão de Curso (Licenciatura em Pedagogia) – Faculdade de Filosofia e Ciências, Universidade Estadual Paulista (Unesp).

SOUZA, F. R. *Templos de Civilização:* a implantação da escola primária graduada no estado de São Paulo (1890-1910). São Paulo: Unesp, 1998.

______. *Alicerces da pátria:* escola primária e cultura escolar no estado de São Paulo (1890-1976). 367f. Araraquara, 2006. Tese (Livre-docência). Faculdade de Ciência e Letras, Universidade Estadual Paulista (Unesp).

______. Tecnologias de ordenação escolar no século XIX: currículo e método intuitivo nas escolas primárias norte-americanas (1860-1880). *Revista Brasileira de História da Educação*, São Paulo, n.9, jan.-jun 2005, p.9-42.

STANISLAVSKI, C. de F. S. *Uma leitura de "Contos infantis" (1886), de Adelina Lopes Vieira e Julia Lopes de Almeida.* Marília, 2001. 58 f. Trabalho de Conclusão de Curso (Licenciatura em Pedagogia) – Faculdade de Filosofia e Ciências, Universidade Estadual Paulista (Unesp).

TANURI, L. M. *O ensino normal no estado de São Paulo:* 1809-1930. São Paulo: USP, FE, 1979.

TOLOSA, B. M. de. Como ensinar a lêr? *Educação*, São Paulo: v.XI, n.3, anno 3, 33. fasc., jun. 1930.

TORRES, P. L.; ALCANTARA, P. R.; IRALA, E. A. F. Grupos de consenso: uma proposta de aprendizagem colaborativa para o processo de ensino-aprendizagem. *Revista Diálogo Educacional*, v.4, n.13, p.129-45, set.-dez. 2004.

VALDEMARIN, V. T. *Estudando as lições de coisas:* análise dos fundamentos filosóficos do Método de Ensino Intuitivo. Campinas: Autores Associados, 2004.

VIDAL, D. G. *Educadores brasileiros:* Anísio Teixeira, Lourenço Filho e Fernando de Azevedo. Disponível em: <http://www.attamidia.com.br/autores_video_db.asp?id=12>. Acesso em: 15 dez. 2008.

WARDE, M. J.; GONÇALVES, G. N. Antonio Caetano de Campos. In: FÁVERO, M. de L. de A.; BRITTO, J. de M. (Orgs.). *Dicionário de educadores no Brasil:* da Colônia aos dias atuais. 2.ed. Rio de Janeiro: UFRJ, MEC-Inep, 2002.

Bibliografia de apoio teórico

BITTENCOURT, C. M. F. *Livro didático e conhecimento histórico:* uma história do saber escolar. São Paulo, São Paulo, 1993. 383 f. Tese (Doutorado em História) – Faculdade de Filosofia, Letras e Ciências Humanas, Universidade de São Paulo (USP).

______. Autores e editores de compêndios e livros de leitura (1810-1910). *Educação e Pesquisa*, São Paulo, v.30, n.3, p.475-91, set.-dez. 2004.

BLOCH, M. *Introdução à história.* 5.ed. s.i.: Publicações Europa-América, 1987.

BOTO, C. Nova história e seus velhos dilemas. *Revista USP*, São Paulo, n.23, p.23-33, set.-nov. 1994.

______. Aprender a ler entre cartilhas: civilidade, civilização e civismo pelas lentes do livro didático. *Educação e Pesquisa*, São Paulo, v.30, n.3, p.493-511, set.-dez. 2004.

CAMBI, F. *História da pedagogia.* Trad. Álvaro Lorencini. São Paulo: Editora Unesp, 1999.

CARDOSO, C. F.; VAINFAS, R. (Orgs.). *Domínios da história:* ensaios de teoria e metodologia. Rio de Janeiro: Elsevier, 1997.

CARDOSO, C. F.; BRIGNOLI, H. P. *Os métodos da história.* Trad. João Maia. 6.ed. Rio de Janeiro: Edições Graal, 2002.

CARVALHO, M. M. C. de. *A escola e a República.* São Paulo: Brasiliense, 1989.

CATANI, D. B. *Educadores à meia luz:* um estudo sobre a *Revista de Ensino* da Associação Beneficente do Professorado Público de São Paulo (1902-1918). Bragança Paulista: Edusf, 2003.

CHARTIER, A.-M.; HÉBRARD, J. *Discursos sobre a leitura*. Trad. O. Biato e S. Bath. São Paulo: Ática, 1995.

CHARTIER, R. *A história cultural:* entre práticas e representações. Trad. M. M. Galhardo. Lisboa: Difel; Rio de Janeiro: Bertrand Brasil, 1990.

______. O mundo como representação. *Estudos avançados*. n.11 (5). p.173-91. abr. 1991.

CHERVEL, A. História das disciplinas escolares: reflexões sobre um campo de pesquisa. *Teoria & Educação*, Porto Alegre, v.2, p.177-209, 1990.

CHOPPIN, A. História dos livros e das edições didáticas: sobre o estado da arte. *Educação e Pesquisa*, v.30, n.3, p.549-66, set.-dez. 2004.

FERNANDEZ, R. *Os caminhos do ABC:* sociedade portuguesa e ensino de primeiras letras (do Pombalismo a 1820). Porto: Porto Editora, 1994.

FRAGO, A. V. *Alfabetização na sociedade e na história:* vozes, palavras, e textos. Trad. T. T. Silva, A. M. Hypolito e H. B. Souza. Porto Alegre: Artes Médicas, 1993.

FURET, F.; OZOUF, J. *Lire et écrire:* l'alphabetisation des français de Calvin à Jules Ferry. Paris: Les Editions de Minuit, 1977 (2v.).

GHIRALDELLI JUNIOR, P. *História da educação brasileira*. 2.ed. São Paulo, Cortez, 2006.

GRAFF, H. J. *Os labirintos da alfabetização:* reflexões sobre o passado e o presente da alfabetização. Trad. T. M. Garcia. Porto Alegre: Artes Médicas, 1994.

HALLEWELL, L. *O livro no Brasil:* sua história. Trad. M. P. Villalobos e L. L. Oliveira. São Paulo: T. A. Queiroz; USP, 1985.

HILSDORFF, M. L. S. *História da educação brasileira:* leituras. São Paulo: Pioneira Thomson, 2003.

INFANTOSI, A. M. *A escola na República Velha:* a expansão do ensino primário em São Paulo. São Paulo: Edec,1983.

JOHNSEN, E. B. *Libros de texto en el calidoscopio:* estudio crítico de la literatura y la investigación sobre los textos escolares. Barcelona: Pomares-Corredor S.A, 1996.

LE GOFF, J. *História e memória*. Trad. Irene Ferreira, Bernardo Leitão e Suzana Ferreira Borges. 5.ed. Campinas: Editora da Unicamp, 2003.

______. *A história nova*. Trad. Eduardo Brandão. 5.ed. São Paulo: Martins Fontes, 2005.

LE GOFF, J.; NORA, P. *História:* novas abordagens. Trad. H. Mesquita. Rio de Janeiro: Francisco Alves, 1976a.

______. *História:* novos problemas. Trad. T. Santiago. Rio de Janeiro: Francisco Alves, 1976b.

LOPES, E. M. T.; FARIA FILHO, L. M.; VEIGA, C. G. (Org.). *500 anos de educação no Brasil*. 2.ed. Belo Horizonte: Autêntica, 2000.

LOPES, E. M. T.; GALVÃO, A. M. O. *História da educação*. Rio de Janeiro: DP&A, 2001.

JULIA, D. A cultura escolar como objeto histórico. *Revista brasileira de história da educação*. v.1, p.9-43, jan.-jun. 2001.

MARSON, A. Reflexões sobre o procedimento histórico. In: SILVA, M. A. da. (Org.). *Repensando a História*. Rio de Janeiro: Marco Zero, 1984. p.37-64.

MORTATTI, M. do R. M. Notas sobre linguagem, texto e pesquisa histórica em educação. *História da Educação*. Pelotas, v.6, p.69-77, out. 1999.

______. *Os sentidos da alfabetização*: São Paulo, 1876-1994. São Paulo: Editora Unesp, 2000a.

______. Cartilha de Alfabetização e cultura escolar: um pacto escolar. *Cadernos Cedes*, ano 19, n.52, p.41-54, nov. 2000b.

______. *Educação e letramento*. São Paulo: Editora Unesp, 2004.

MUNAKATA, K. Livro didático: produção e leituras. In: ABREU, M. (Org.). *Leitura, história e história da leitura*. Campinas: Mercado de Letras/ALB; São Paulo: Fapesp, 1999, p.577-94.

NAGLE, J. *Educação e sociedade na Primeira República*. São Paulo: EPU, 1974.

NERY, A. C. B. *A sociedade de educação de São Paulo*: embates no campo educacional. São Paulo, 1999. 271f. Tese (Doutorado em Educação) – Universidade do Estado de São Paulo.

PERES, E.; TAMBARA, E. *Livros escolares e ensino da leitura e escrita no Brasil* (séculos XIX e XX). Pelotas: Seiva & Fapergs, 2003.

REIS FILHO, C. dos. *A educação e a ilusão liberal*. São Paulo Cortez/Autores Associados, 1981.

RIBEIRO, M. L. S. *História da educação brasileira*: a organização escolar. 2.ed. São Paulo: Cortez & Moraes, 1979.

SOARES, M. B. As muitas facetas da alfabetização. *Cadernos de pesquisa*, São Paulo, n.52, p.19-24, fev. 1985.

SOUZA, R. F. *Templos de civilização*: a implantação da escola primária graduada no estado de São Paulo (1890-1910). São Paulo: Editora Unesp, 1998.

______. Tempos de infância, tempos de escola: a ordenação do tempo escolar no ensino público paulista (1892-1933). *Educação e Pesquisa*, São Paulo-SP, v.25, n.2, p.127-43, 1999.

______. Inovação educacional no século XIX: a construção do currículo na escola primária no Brasil. *Cadernos Cedes*, Campinas, v.51, p.33-44, 2000.

TANURI, L. *O ensino normal no Estado de São Paulo (1890-1930)*. São Paulo: FE/USP, 1979. (Série Estudos e Documentos v.16)

______. História da formação de professores. *Revista Brasileira de Educação: 500 anos de educação escolar*. São Paulo: Autores Associados, n.14 (especial), p.61-88, mai.-jun.- ago. 2000.

VIEIRA, M. P. A.; PEIXOTO, M. R. C.; KHOURY, Y. M. A. *A pesquisa em história*. 2.ed. São Paulo: Ática, 1991.

Obras de referências consultadas

ARROYO, L. *Literatura infantil brasileira*. 2.ed. São Paulo: Melhoramentos, 1988.

COELHO, N. N. *Dicionário crítico da literatura infantil e juvenil brasileira:* séculos XIX e XX. 4.ed. São Paulo: Edusp, 1995.

FÁVERO, M. de L. de A.; BRITTO, J. de M. (Orgs.). *Dicionário de educadores no Brasil:* da Colônia aos dias atuais. 2.ed Rio de Janeiro: UFRJ, MEC-Inep, 2002.

HARRIS, T. L.; HODGES, R. E. (Org.). *Dicionário de alfabetização:* vocabulário de leitura escrita. Trad. Beatriz Viégas-Faria. Porto Alegre: Editora Artmed, 1999.

MELLO, L. C. *Dicionario de autores paulistas*. São Paulo: [s.n], 1954. (Comissão do 4º Centenário da Cidade de São Paulo)

MORTATTI, M. do R. L. *Ensino de língua e literatura no Brasil:* repertório documental republicano. Marília, 2003. (digitado)

ROCCO, S. (Org.). *Poliantéia comemorativa do 1º Centenário do Ensino Normal de São Paulo (São Paulo: 1846-1946)*. São Paulo: Gráfica Bréscia, 1946.

RODRIGUES, J. L. R. *Livro jubilar da Escola Normal da Capital:* contendo a relação completa dos diplomados de todos os institutos congeneres do Estado de 1876 a 1929. São Paulo: Instituto D. Anna Rosa, 1930.

SOARES, M. B.; MACIEL, F. *Alfabetização*. Brasília: MEC/Inep/Comped, 2000. (Série Estado do Conhecimento)

LUZURIAGA, L. *Diccionario de pedagogia*. Buenos Aires: Losada, 1960.

VAINFAS, R. (Dir.). *Dicionário do Brasil Colonial:* 1500-1808. Rio de Janeiro: Objetiva, 2000.

______. *Dicionário do Brasil Imperial:* 1822-1889. Rio de Janeiro: Objetiva, 2002.

SOBRE O LIVRO

Formato: 14 x 21 cm
Mancha: 23,7 x 42,5 paicas
Tipologia: Horley Old Style 10,5/14
Papel: Offset 75 g/m² (miolo)
Cartão Supremo 250 g/m² (capa)
1ª edição: 2013

EQUIPE DE REALIZAÇÃO

Coordenação Geral
Marcos Keith Takahashi

Impressão e Acabamento:

psi7

Printing Solutions & Internet 7 S.A